KB196428

돈의 그릇

돈의 그릇

100권의 책에서 찾은 부의 마인드셋

100 books
100 affirmations
100 thoughts

김세혜 지음

다산북스

100권의 책 속에
부로 향하는 지름길이 있었다

당신의 '돈의 그릇'은 얼마나 크고 넓은가요?

이 질문을 처음 들으면 다소 막막하게 느껴질 수 있습니다. 돈의 그릇이 무엇인지, 내 그릇의 크기는 어느 정도인지, 작다면 어떻게 키워야 할지 모르기 때문입니다.

대다수의 부자들은 크고 넓은 그릇을 가지고 있으며, 자신의 그릇에 대해 잘 파악하고 있습니다. "젊었을 때는 돈을 버는 것이라 생각했다. 나이가 들고 보니 돈은 와서 담기는 것이었다. 결국 '내가 큰돈이 담길 만한 그릇이냐'가 중요하다. 그릇이 안 되는 사람에게 큰돈이 담기면 그릇이 깨진다."

삼성 이건희 회장의 말입니다.

저 역시 처음에는 방법을 몰랐습니다. 12년 동안 다양한 직업을 거치며 죽어라 일했습니다. 생활비로 쓰고, 학자금을 갚고, 가족의 병원비를 대기 위해서 모든 에너지를 돈 버는 일에 쏟았습니다. 하지만 12년이 지난 뒤, 남은 건 200만 원의 초라한 통장 잔고와 망가진 건강뿐이었습니다.

저는 억울했습니다. '왜 열심히 일해도 부자가 되지 못할까?' 그 궁금증을 해결하기 위해 닥치는 대로 책을 찾아 읽기 시작했습니다. 부와 잠재의식, 인간 심리, 정신세계에 대한 책만 수백 권을 독파했습니다. 동시에 만날 수 있는 모든 부자를 만나며 꾸준히 배우고 질문했습니다. 그렇게 미국, 캐나다, 한국에서 수십억, 수천억 자산가까지 만나고 난 뒤 깨달았습니다. 부자와 가난한 사람의 차이는 바로 '돈의 그릇'의 크기에 있다는 사실을요.

이 깨달음을 바탕으로 제 '돈의 그릇'을 키우기 시작했습니다. 그릇을 먼저 키우니 수익은 자연스럽게 따라왔습니다. 반대로 했다가 벌어들인 돈이 쉽게 사라지는 경험도 했습니다. 이렇게 사업을 확장하고 수입 파이프라인을 만들며 더 많은 기회를 잡게 되었습니다. 현재는 유튜브 채널을 운영하고 사업을 확장하며 독서 경영 코치와 의식 성장 컨설턴트로

28만 명에게 영향력을 미치며 살고 있습니다.

◆

이 책은 2022년부터 큰 사랑을 받은 제 강의 〈하루 10분, 돈의 그릇 키우기〉의 핵심 인사이트를 바탕으로 집필한 것입니다. 강의에서 가장 큰 반응을 얻었던 '100권의 부자책'을 소개하며, 그 책들에서 제가 직접 얻은 중요한 교훈을 나누고자 합니다. 100권의 부자책은 수백 권의 책 중에서 특히 돈의 그릇을 확장하고 삶을 변화시키는 데 실질적인 조언을 주는 작품을 엄선한 것입니다. 바쁜 일정을 보내는 사람, 수입을 늘리고 싶은 사람, 부자들이 추천하는 책이 궁금한 사람이라면 100권의 핵심 내용을 큐레이팅한 이 책에서 도움을 얻을 수 있습니다.

이를 위해 각 장마다 핵심 내용을 쉽게 요약하고, 바로 실행 가능한 방식을 제시했습니다. 또한 소개되는 100권의 책을 더 깊이 탐구할 수 있도록 '자기계발과 개인 성장' '부의 흐름과 경제적 사고' '자기 통제와 습관 관리' '마케팅과 경영 전략' '리더십과 커뮤니케이션'의 총 다섯 가지 카테고리로 분류한 독서 체크리스트를 마지막에 실었습니다.

이뿐만 아니라 각 글에서는 '최고의 나'를 끌어내는 긍정 확언을 한 문장씩, 총 100문장을 제시합니다. 확언을 필사하여 잠재의식에 새길 수 있도록 필사노트도 마련했으니, 실천을 통해 매일 꾸준히 돈의 그릇을 키워보세요. 이런 작은 습관이 내가 원하는 미래를 만들어가는 디딤돌이 될 것입니다.

일본의 금융 교육 전문가 이즈미 마사토는 "사람마다 다룰 수 있는 돈의 크기가 있습니다. 그릇이 준비되지 않으면 그릇보다 큰 기회는 찾아오지 않습니다"라고 말했습니다. 하지만 '돈의 그릇'을 키우는 데는 시간과 노력이 필요합니다. 처음에는 작은 변화일지라도 그 변화들이 쌓여 큰 성과로 이어집니다.

이 책을 통해 여러분은 지혜로운 멘토 100명의 전략과 통찰을 손에 넣게 될 것입니다. 멘토들이 제시하는 방법을 꾸준히 실천하고 한 걸음씩 나아가다 보면 불가능해 보였던 변화도 반드시 이루어집니다.

기억하세요. 더 많은 기회가 당신을 기다리고 있습니다.

2024년 12월

김새해

차례

001

부자는
나쁜 사람이라는 편견

『아비투스』

"먹고살 정도만 있으면 되지, 왜 욕심을 부려.""돈 중요
하지. 하지만 행복이 더 중요해.""돈보다 몸 건강한 게 최고
야.""부자들은 왜 저렇게 가난한 사람들을 착취해서 자기
배를 채울까?""그렇게 돈 벌어서 결국은 다 말아먹지.""부
자 되면 집에 도둑 들까, 누가 돈을 노리고 접근하지 않을까
무섭겠지?"이런 말들을 다 한 번씩은 들어봤고 또 해봤을
겁니다. 과거의 경험에서 비롯된 잘못된 생각들입니다.

　책『아비투스』는 우리가 자라나는 과정에서 주변인의 성
향이나 사고, 인지, 판단과 행동 체계인 아비투스habitus의 영

향을 받는다고 말합니다. 아비투스는 전염되는데, 이 말은 곧 태어날 때부터 환경, 부모의 양육 방식, 말, 행동, 거주 지역, 교류하는 사람에 따른 생각과 생활 방식을 가지게 된다는 뜻입니다. 우리가 경계해야 하는 '돈을 천한 것으로 여기는 심리' 역시 타인의 아비투스에 전염되었기 때문입니다.

어린 시절 엄마가 "나는 빨간 가방이 참 좋아"라고 말하며 웃는 모습을 보았다고 생각해 볼까요? 그러면 나는 빨간 가방이 좋은 거구나 생각하고, 빨간 가방을 볼 때마다 두근거리게 됩니다. 그 감정은 결국 빨간 가방을 사게끔 유도합니다. 이처럼 과거 경험으로 만들어진 내면의 프로그램은 우리의 생각과 행동을 통제합니다.

자, 그러면 되돌아봅시다. 과거에 부자처럼 생각하고 행동하며 진짜 부자가 된 사람을 보고 자랐나요? 아니기에 이 책을 펼쳤을 테지요. 그랬다면 바로 '내가 잘못된 경험을 했구나. 잘못 생각했구나'라고 받아들이고, 잘못된 생각을 수정해야 합니다. 그래야 비로소 성공으로 이어집니다. 과거를 버리고 새로운 생각, 믿음, 행동으로 일상을 채워 나간다면 딱 한 달만 지나도 인생의 변화를 맛보게 될 것입니다.

집에 쓰레기가 있는데 일주일, 한 달, 한 해가 지나도 버리지 않았다면 반드시 악취가 나겠지요. 하지만 악취에 익숙해진 코는 분별하지 못합니다. 그래서 몸에서 악취가 나는 걸 깨닫지 못하고 밖으로 나가 일하고 사람들을 만납니다. 그러다가 문득 누군가에게서 나는 향기를 맡고 깨닫습니다. '아, 내게 악취가 나는구나.' 그 사실을 아는 순간부터 시작입니다. 집에 돌아가서 쓰레기를 전부 버리고, 집에 향초든 디퓨저든 채워 넣는 '행동'을 해야 합니다. 그리고 곰곰이 생각해 보아야죠. '쓰레기가 언제부터 집에 있었지? 왜 생긴 거지?' 원인을 알면 더는 쓰레기가 쌓이지 않을 테니까요.

부자는 욕심이 많은 못된 사람이라는 믿음이 있다면 언제부터 그런 믿음을 가지고 있었는지 돌아보세요. 어렸을 적 어른들이 하는 말을 들었는지, 텔레비전이나 신문, 영화를 통해서 배운 건지 파악해 보는 겁니다. 잘못된 믿음에 흔들리지 않고, 만약 잘못된 믿음이 다시 생기더라도 바로 알아차리고 버리기 위해서 말이죠.

나는 내가 가진 낡은 생각을 버린다.

002

운 없는 척, 불행한 척,
내 탓이 아닌 척

『백만장자 시크릿』

당신은 어떤 스타일인가요? 예기치 못한 불행이 찾아왔을 때 책임을 지나요, 아니면 자신을 피해자로 규정하나요?

'나는 불쌍해. 노력해도 안 돼. 다른 사람들은 잘되는데 나는 운이 없는 것 같아.' 이런 생각을 하고 있다면, 정말로 불행을 끌어당길 수 있습니다. 부정적인 사고방식은 삶의 기회를 가로막고 원하는 것을 이루는 데 큰 장애물이 됩니다.

스스로 '패배자'나 '피해자'로 여기는 사람들은 끝없이 불평하고 자신을 합리화합니다. "나는 살을 뺄 수 없어." "돈을 벌 수 없는 환경이야." 이런 말들이 그들의 현실을 만듭니다.

이것이 바로 끌어당김의 법칙입니다. 믿음이 운명을 결정한다는 것입니다.

그렇다면 어떤 마음가짐을 가져야 할까요? 자신을 '승리자'로 여기는 사업가처럼 내 삶에 책임지는 태도가 필요합니다. 패배자와 피해자 가면을 쓴 사람들은 불평과 자기합리화를 하지만, 성공한 사업가는 자신의 선택이 현실을 만든다는 것을 이해하고, 직원들의 삶까지 지원하며 더 큰 영향을 미칩니다. 바로 추월차선 위의 삶입니다.

운전을 할 때는 속도가 빨라질수록 사고의 위험이 커지기 마련입니다. 시속 30킬로미터로 달릴 때와 시속 120킬로미터로 달릴 때의 사고는 결코 같지 않습니다. 그럼에도 불구하고 사람들은 더 빠른 길만 동경합니다. 속도와 그에 따른 책임을 고려하지 않고 말이지요.

책 『백만장자 시크릿』은 우리에게 중요한 사실을 알려줍니다. 해내지 못하리라고 생각하면 그 믿음에 부합하는 현실이 만들어진다는 것입니다. 반면 할 수 있다고 믿으면 그 믿음을 입증하기 위한 풍요로운 현실이 창조됩니다.

모두 어떤 믿음을 가지고 살아갑니다. 그러니 기왕 믿는다면, 자신에게 긍정적인 영향을 주는 믿음을 선택하세요. '나는 이런 걸 받을 자격이 없어'라는 부정적인 생각 대신,

'나는 충분히 받을 만큼 자격이 있는 사람이다'라는 긍정적인 믿음을 가져야 합니다.

불안과 두려움으로 움츠러들지 말고, 모든 일에는 이유가 있으며 그것들이 나에게 도움이 된다고 믿는 것이 중요합니다. 실패를 성장의 기회로 삼는 긍정적인 마인드셋을 가져야 합니다.

이것이 바로 내 삶에 책임을 지는 자세입니다. 투자자는 "우리는 조심하고, 안전하게, 방어적으로 사업합니다"라고 말하는 사업가에게 끌리지 않습니다. 오히려 "우리는 잘될 것이라고 믿고 과감히 베팅합니다. 문제가 있었지만, 우리는 그것을 해결했습니다"라고 말하는 사업가에게 매력을 느낍니다.

그러니 하나만 명심하세요. 성공은 당신의 선택과 태도에 달려 있습니다!

돈은 내 삶에 풍성히 흐른다.
나는 모든 성공을 누릴 자격이 있다.

003

일한 만큼
벌어야 한다는 믿음

『부의 추월차선』

하늘에서 돈이 떨어진다고 상상해 봅시다. 1만 원, 5만 원짜리 지폐부터 10만 원, 100만 원짜리 수표까지 비처럼 쏟아진다고 말이죠. 돈을 주울 때의 기분은 환상적이지만, 계속해서 돈을 줍다 보면 어느 순간 '더 잡아도 될까? 이걸 그냥 가져도 되는 건가? 누군가 자기 돈을 왜 마음대로 가져가냐고 하면 어쩌지?'라는 두려움이 찾아옵니다.

1만 원, 5만 원, 100만 원짜리 돈은 편하게 주울 수 있는데 10억 원, 100억 원짜리 수표를 주우면 놀라서 주저하게 됩니다. 이렇게 큰돈을 노동도 투자도 없이 덜컥 받는다고 생각하면 심장이 두근거리고, 주우려는 마음마저 흔들릴지도 모릅니다. 돈에 대한 두려움 때문입니다. 무의식 속에 자리 잡은 '일해서 번 돈이 아니면 내 것이 아니'라는 생각, '쉽게 얻은 돈은 금방 사라질 것'이라는 고정관념에서 발생하는 감정이지요. 이 때문에 부자가 될 기회를 앞에 두고도 움츠러드는 것입니다.

어린 시절 당신은 "사람은 일하는 만큼 버는 거야. 열심히 일하면 먹고사는 걱정은 하지 않아도 돼"라는 말을 들으며 성장했습니다. 하지만 지금 열심히 일하는 당신은 여전히 먹고사는 걱정을 하고 있지 않나요? 같은 일을 하면서도 엄청난 돈을 버는 사람과 당신의 차이는 무엇일까요?

그들은 '내가 일하는 시간과 벌어들이는 액수는 반드시 비례하지 않아. 나는 더 많이 벌 수 있어. 수천억, 수조를 벌 가능성이 있지'라는 믿음을 가지고 있습니다.

돈과 일하는 시간을 엮어서는 안 됩니다. 그러면 평생 경제적인 문제에 시달리게 됩니다. 인간이 누릴 수 있는 시간은 항상 한정되어 있기 때문이지요. 먹는 시간, 자는 시간, 쉬는 시간… 다 빼고 생각해 보세요. 순수하게 일할 수 있는 시간은 얼마나 될까요? 그래서 부자들은 돈과 시간을 분리하여 생각합니다.

평범한 사람은 벽돌이 가득 담긴 수레를 끌며 돈을 번다면 부자는 그 벽돌을 비우고 금덩어리로 채우는 방법을 찾습니다. 여기서 수레는 나 자신을, 수레를 채우는 것은 나의 가치를 나타냅니다. 나의 가치를 벽돌이 아닌 금으로 바꿔 더 많은 돈을 벌 수 있는 것이죠. 기발한 아이디어와 이를 실현하는 행동을 통해 가치를 높인다면 동일한 시간을 투자하더라도 훨씬 더 많은 돈을 벌 수 있습니다.

이제 나의 가치, 내 일의 가치를 어떻게 하면 더 높일 수 있을지 생각해 봅시다. 먼저 '나는 효율적으로 빠르게 일하겠다'라고 결심해야 합니다. 이 결심이 내게 익숙한 벽돌을 전부 버리는 계기가 됩니다.

『부의 추월차선』에는 피라미드를 쌓기 위해 오랜 시간 동안 육체를 단련하는 노동자가 등장합니다. 하지만 그가 노력하는 동안 다른 동료는 기중기를 만드는 발명가의 삶을 택합니다. 기중기로 빠르고 효율적으로 피라미드를 완성하고, 아이디어로 얻은 시간을 활용해 더 많은 발명을 하며 편안한 삶을 삽니다.

저는 공부한 내용들을 지식 콘텐츠를 만들어 유튜브, 블로그, 인스타그램, 네이버 카페 등 다양한 플랫폼에 전달합니다. 이렇게 하면 소비에서 그치지 않고 나의 지식을 활용해 더 큰 가치를 창출할 수 있습니다. 제가 자고 있어도 콘텐츠들이 자동으로 돈을 벌어오기 때문입니다. 결과적으로 같은 시간을 투자해도 훨씬 더 많은 돈을 벌며 시간으로부터 자유로워집니다. 남은 시간을 통해 집필처럼 오래 걸리는 작업도 수행할 수 있죠. 이것이 바로 수레를 비우고 금을 채우는 방법입니다.

나는 자는 동안에도 자동으로
돈이 들어오는 시스템을 갖고 있다.

004

나는 왜 여태
풍요롭지 못할까

『부자 아빠 가난한 아빠』

당신이 통제할 수 있는 더블유W는 몇 개인가요? 당장 내일 좋아하는 사람 서너 명과 프랑스 특급 호텔에서 일주일간 놀 수 있는 여유가 있나요? 그런 만큼의 돈과 시간의 자유가 있나요?

아마 많은 분이 고개를 저었을 것입니다. 여기에서 부자와 가난한 사람의 차이가 드러납니다. 부자는 무엇을 할지 What, 언제 할지When, 어디에서 할지Where, 누구를 만날지Who, 그리고 누구와 함께할지With 결정할 수 있는 힘이 있습니다. 부자는 이 다섯 가지 더블유를 모두 통제할 수 있지만, 평범한 사람은 많아야 두세 개를 통제할 수 있습니다. 즉 부자는 선택의 폭이 훨씬 넓다는 뜻입니다. 이것이 바로 당신이 부자로 살아야 하는 이유입니다. 사랑하는 사람들과 멋진 추억을 만들며 어울리기 위해서 말이지요.

통제할 수 있는 더블유의 개수를 늘리려면 어떻게 해야 할까요? 돈과 시간의 자유를 얻고 몸과 마음의 여유를 되찾는 방법은 무엇일까요? 『부자 아빠 가난한 아빠』에서는 이렇게 말합니다. "지금 소득을 위해서 일하고 있는가, 자산을 만들기 위해서 일하고 있는가? 나는 매년 내 자산을 늘리고 있다."

소득은 일해서 얻는 돈으로, 주로 일정한 시간에 맞춰 들어오는 수익입니다. 반면 자산은 시간이 지남에 따라 가치가 증가하거나 수익을 창출할 수 있는 것들입니다. 이 자산이 당신을 위해 일하는 돈입니다. 부동산, 주식, 채권, 특허권, 저작권, 상표권, 사업체, 디지털 자산, 지식 자산 등은 시간이 지날수록 가치가 상승하고 지속적으로 수익을 만들어낼 수 있습니다.

이제 돈을 벌기 위해서가 아니라 나를 대신해서 일할 자산을 늘리기 위해 살아가기를 바랍니다. '내가 어떻게 해? 나는 못 해'라는 생각부터 든다면 그 생각을 의심해 보세요. 당신이 성공하지 못한 이유는 부자가 되는 법을 몰라서가 아닙니다. '나는 안 될 거야'라는 고정관념을 고집스럽게 끌어안고 있기 때문입니다.

차가 앞으로 가려면 반드시 액셀을 밟아 속도를 올려야 합니다. 하지만 동시에 브레이크를 밟고 있다면 어떨까요? 아무리 액셀을 밟아도 제자리에 머무를 수밖에 없지요. 과거의 경험과 생각이 더 이상 나를 지배하도록 두지 않겠다고 결심하세요. 현재의 통장 잔고, 외모, 말투, 행동, 주변 사람들 그리고 내가 사는 집과 일에 대해 어떻게 느끼나요? 불만족스러운 부분이 있다면 그 원인을 되짚어 보세요. 그리고 서서히 원하는 삶으로 고쳐 나가는 것입니다.

마지막으로 자신을 위해 자산을 늘리겠다고 선언하세요.

나는 매년 나를 대신해서 일할 자산을 늘리고 있다.

005

돈이 먼저 나를 알아보고
다가온다

『돈의 속성』

여기 두 유형의 사람이 있습니다. 한 사람은 이렇게 말합니다. "나는 너한테 집착할 거야. 이렇게 집착하게 만드는 네가 너무 미워. 그래도 네가 없으면 안 돼. 절대 나를 떠나지마. 그랬다가는 다 망쳐버릴 거야."

다른 한 사람은 늘 이렇게 말합니다. "너를 사랑해. 하지만 집착하지 않을 거야. 너에게는 자유가 있고, 그걸 존중해. 네가 어디로 가든 다시 내게 돌아올 거라는 믿음이 있어. 여러 경험을 해본 후에 내가 제일 괜찮은 사람이라면 돌아와줘. 나는 네가 소중한 존재임을 알아. 그래서 지켜줄 거야."

어떤 사람과 연애하고 싶은가요? 전자의 사람을 만난다면 '미쳤다'라는 생각부터 들 것입니다. 반면 후자의 사람을 만난다면 그와의 기분 좋은 연애가 평생 기억에 남겠죠. 언제든 다시 돌아가고 싶을 수도 있습니다.

돈도 마찬가지입니다. "나는 돈에 대한 나쁜 기억이 너무 많아. 그래서 돈에 집착할 수밖에 없어. 돈이 없으면 절대 안 돼. 쓰지 않을 거야. 한 푼도 아까워." 물론 이렇게 말하는 건 개인의 자유입니다. 하지만 돈이 사람이라고 가정한다면, 돈은 과연 이 사람에게 다가가고 싶을까요?

김승호 회장은 『돈의 속성』에서 "돈은 인격체"라고 말했습니다. 누군가 나에게 "너는 별로야. 더럽고 나빠"라고 말하면 그 사람과 멀어지겠지요. 마찬가지입니다. 돈도 스스로 갈 곳을 정할 수 있는 인격체입니다. 자신의 주인을 선택할 권리가 있습니다.

돈은 에너지가 넘치는 사람, 사랑과 기쁨 그리고 평화를 지닌 사람, 긍정적인 분위기를 풍기는 사람에게 자연스럽게 흘러갑니다. 그렇지 않은 사람에게는 간다고 해도 오래 머무르지 않고 다른 머물 만한 곳으로 흘러가 버립니다.

당신이 에너지가 높은 사람과 가까워지길 원하듯, 돈도 마찬가지입니다. 돈에게 자유를 주고 마음껏 다니게 하세요.

사용할 때 감사하며, 다시 돌아올 것이라는 믿음을 가지세요. 사랑, 감사, 자유와 같은 높은 에너지는 돈과 운, 좋은 인연을 끌어옵니다. 이것이 바로 돈을 불러오는 열쇠입니다.

돈은 나를 향해 계속해서 움직인다.

006

질투는 나의 독

『오래된 비밀』

돈이 피하는 사람은 어떤 사람일까요? 책 『오래된 비밀』
에는 친구가 주식 투자로 수익을 몇 배 올렸다고 좋아하고,
시누이는 몇 년 전에 사둔 상가 시세가 두 배로 뛰었다고 기
뻐하는데 그런 소식을 좋은 마음으로 받아들이기 힘들다고
고백하는 인물이 등장합니다. 자신이 매입한 주식은 원금을
까먹고, 구매한 아파트의 시세는 반 토막이 나는데, 지인의
좋은 소식을 들으니 견디기 힘들다는 것입니다. 충분히 공감
이 가는 이야기입니다.

우리는 종종 "사촌이 땅을 사면 배가 아프다"라는 말을

합니다. 이는 '내가 가지지 못한 것을 저 사람이 가지고 있다'라는 환상에서 비롯된 부정적인 감정을 표현한 것입니다.

내 주변의 부자들을 미워하고 질투하며 잘될 수 있을까요? 불가능합니다. 내가 미워하고 싫어하는 것을 어떻게 받아들일 수 있을까요? 부자들을 미워하는 것은 결국 자신의 미래 모습을 저주하는 것과 같습니다.

부자로 살겠다는 목표를 세우면서 동시에 부자들을 저주하는 게 마치 주문을 걸고 즉시 취소하는 것처럼 느껴지지 않나요? 수없이 주문을 하더라도 매번 취소한다면 당연히 아무것도 받을 수 없습니다.

무엇보다 질투심을 떨쳐내지 못하고 누군가를 미워하거나 시기하는 마음과 끊임없이 싸우다 보면 에너지가 금세 고갈됩니다. 하루 종일 이런 감정에 휘둘리면 결국 지쳐서 아무것도 하고 싶지 않지요. 방전된 상태에서는 충전할 시간만 필요할 뿐입니다. 긍정적인 미래를 위한 씨앗을 뿌릴 기운조차 남지 않는 것입니다.

질투가 행운을 파괴한다는 것은 여러 연구를 통해 사실로 밝혀졌습니다. 질투는 스트레스 호르몬인 코르티솔 수치를 높여 정신 건강을 해치고 집중력을 떨어뜨립니다. 그런 상태로는 어떤 일을 하든 성과를 내지 못하겠지요. 즉 질투는 부자가 될 행운을 걷어차는 일입니다. 설령 운 좋게 행운이 찾아온다 하더라도 질투는 그것을 알아볼 눈을 가려버립니다. 이 상태에서는 행운이 폭포처럼 쏟아져도 아무 소용이 없습니다.

책의 저자인 이서윤은 인생은 한 손에 행운을, 다른 손에는 불운을 쥐고 먼 길을 떠나는 여정이라 설명합니다. 우리는 살아가며 때때로 행운을 마주하고, 때때로 불운을 만납니다. 어떤 것이 더 많을지는 결국 자신의 마음과 삶의 태도에 달려 있습니다.

이제 스스로에게 질문해 보세요. '나는 내가 가진 에너지를 어떻게 사용하고 있는가? 나의 에너지는 올바른 방향으로 향하고 있는가? 부정적인 감정에 에너지를 너무 많이 쓰고 있는 건 아닌가?' 에너지가 새고 있다는 것을 느꼈다면, 이제는 부자의 길과 뚜렷한 목표를 향해 에너지를 전부 집중할 준비가 되었다는 것입니다.

**나는 나의 미래와 연결된 다른 사람의 성공을
진심으로 축하한다.**

007

질문의 방향을 바꿔라

『네 안에 잠든 거인을 깨워라』

당신이 지금 어떤 상황에 처했더라도 괜찮습니다. 당신의 삶은 원하는 대로 변할 수 있으니까요. 책『네 안에 잠든 거인을 깨워라』는 삶에 대한 생각을 바꾸는 것만으로 내 삶도 바뀔 수 있다고 말합니다.

그 방법으로 원하는 것이 있다면 그것을 얻게 해줄 지혜로운 질문을 선택하라고 합니다. 현재의 결핍에 초점을 맞추는 질문이 아니라 원하는 것을 확실히 얻는 방법을 고민하는 질문 말이지요.

책에서는 '미첼'의 이야기를 소개합니다. 미첼은 사고로 전신의 3분의 2에 화상을 입었습니다. 그는 고통 속에서 스스로에게 두 가지 질문을 던졌습니다. '장애인으로 살 바에 죽는 게 낫지 않을까?'와 '이 상황을 기회로 활용할 수 있을까?'였죠. 그는 두 번째 질문을 선택했습니다. 그리고 화상을 이겨내고 다른 사람을 도우며 살기로 결심했습니다.

미첼은 자신과 교류한 간호사 애니에게 끌렸습니다. 이때에도 그는 '나는 저런 사람과 만날 수 없겠지?'라는 질문 대신 '어떻게 하면 애니와 데이트할 수 있을까?'라는 질문을 택했습니다. 이 꾸준한 질문과 답의 결과는 무엇이었을까요? 애니는 그의 아내가 되었습니다.

두 번째로는 '레히'의 이야기를 들려줍니다. 유대인인 레히는 수용소에서 가족들의 죽음을 목격했습니다. 그럼에도 불구하고 '왜 나는 이렇게 고통 받아야 할까?'라는 질문 대신 '어떻게 하면 살아서 탈출할 수 있을까?'라는 질문을 택했고, 결국 답을 찾았습니다. 레히는 가스실의 시체 더미에 깔려 가슴이 터질 듯한 고통을 참아냈습니다. 그리고 누구의 눈에도 띄지 않을 시간에 빠져나와 알몸으로 40킬로미터를 달려 마침내 자유를 찾았습니다.

레히가 생존할 수 있었던 이유는 무엇일까요? 끈질기게 질문을 던졌고, 그 질문을 통해 해결책을 찾았기 때문입니다. 성공한 사람들은 더 나은 질문을 하고, 그만큼 더 나은 답을 얻습니다.

세 번째로 소개하는 사람은 '트럼프'입니다. 우리가 아는 도널드 트럼프죠. 뉴욕이 파산할 위기에 처했을 때 사람들은 '어떻게 살아남지?'라는 질문을 했습니다. 반면 트럼프는 '이런 상황에서 어떻게 부자가 될 수 있을까?'라고 질문했습니다. 낡은 빌딩을 산 그는 그랜드 하얏트 호텔을 열어 큰돈을 벌어들였습니다.

사람들은 돈을 벌고 쓰고 저축하고 투자하는 방식에 대해 각기 다른 관점을 가지고 있습니다. 각자의 입맛이 다른 것처럼 돈에 대한 생각도 모두 다를 수 있습니다. 이런 다양한 시각을 옳다 그르다 판단할 필요는 없습니다. 단지 이걸 체크해 보세요.

'나는 지금 돈의 결핍에 초점을 맞추고 있나? 아니면 이미 주어진 풍요에 초점을 맞추고 있나?' 그리고 이렇게 질문하는 겁니다. '어떻게 하면 풍요로운 부자로 살까?'

마지막으로 숨 쉴 때마다 내 삶에 복이 더해진다고 상상해 보세요. 숨 쉬듯 더 많은 돈이 내게 들어오고 나간다고 상상해보면 어떨까요?

아주 많은 돈이 나에게 배송되고 있다면 어떤 마음이 드나요? 이 상상을 현실로 만들기 위해 나는 오늘 어떤 질문을 해야 할까요? 모든 것은 당신의 선택에 달려 있습니다.

나는 더 나은 질문을 택한다.

008

돈이라는 도구를
어떻게 쓸 것인가

『부자의 언어』

"부자가 되고 싶지만 한편으로는 걱정이 됩니다. 부자가 되자마자 태도가 변하는 사람들도 있지 않나요?" 이 걱정에 대한 답으로 비유를 들어보겠습니다.

칼을 다양한 사람들에게 나눠주면 어떨까요? 주부는 칼로 맛있는 음식을 만들고, 의사는 생명을 구하는 수술에 사용하겠지요. 하지만 범죄자에게 칼이 주어진다면 그 결과는 끔찍할 겁니다.

그렇습니다. 칼 자체에는 아무 잘못이 없습니다. 문제는 '어떻게 사용하는가'에 있습니다. 돈도 마찬가지입니다. 돈에는 아무 문제가 없지만, 어떻게 활용하느냐에 따라 삶이 크게 달라집니다. 따라서 어떤 가치를 추구하느냐가 중요한 것입니다. 돈도 누가 자신을 귀하게 쓸지 알고 있습니다.

『부자의 언어』는 '살면서 무얼 해야 하느냐'라는 질문을 던지는 대신 '평생 추구할 나만의 가치가 무엇인지' 물어보라고 조언합니다. 이 질문이 부를 향한 여정을 더욱 만족스럽게 만들어줍니다.

삶에는 진정으로 돈보다 중요한 것이 많지요. 하지만 '돈 문제'를 극복해야 다른 중요한 것들에 집중할 수 있습니다. 돈과 시간이 없으면 인생을 뜻대로 살아가기 어렵기 때문이지요. 그래서 부를 추구하는 것은 단순히 물질적 풍요만을 위한 일이 아닙니다. 진정으로 원하는 삶을 살기 위한 기반을 다지는 일입니다.

이때 돈을 잘 활용하고 관리하는 지혜가 있으면 당신의 가치를 실현하고 더 큰 꿈을 이룰 수 있습니다. 그렇기 때문에 더더욱 당신의 목표와 가치관에 부합하는 방식으로 부를 축적해야 하고, 이를 위해서는 먼저 당신 자신의 내면을 돌아보아야 하는 것입니다.

돈은 도구일 뿐입니다. 그 도구를 어떻게 사용하는지는 오롯이 당신의 선택에 달려 있습니다. 자신의 가치를 명확히 하고, 그 가치를 실현하기 위한 노력을 더해보세요. 그러면 부는 자연스럽게 따라올 것입니다.

나는 내게 주어진 도구를 잘 활용하는 지혜를 가졌다.

작은 못에도 큰 연꽃은 핀다

『부자의 운』

"코딱지만 한 회사에 다녀요." "중소기업 극혐."

이런 댓글을 자주 볼 수 있습니다. 작은 회사에 다닌다는 사실에 불만을 느끼고, 이 때문에 많은 돈을 벌지 못하거나 인생이 피지 않는다고 생각하는 사람들이 많죠. 큰물에서 놀아야만 기회가 온다고 믿으며 기회를 잡지 못한 자신을 탓하기도 합니다. 그런데 정말 큰물에서만 기회를 잡을 수 있을까요? 사실 기회는 작은 연못에서도 충분히 시작됩니다.

당신의 아이디어와 노력은 500명 이상의 직원이 있는 대기업보다 2명의 직원이 있는 작은 회사에서 훨씬 더 중요하고 가치 있게 쓰일 수 있습니다. 대기업에서는 주어진 일만 해야 할 때가 많지만 작은 회사에서는 더 많은 역할을 맡을 수 있고, 그만큼 더 빠르게 성장할 수 있습니다.

하루에 이름이 수십 번씩 불리는 날도 있을 것입니다. 이때가 바로 운이 상승하는 기회입니다. 일이 들어오면 신나게 "예!"라고 답하고, 빠르고 성의 있게 일을 처리하세요. 이런 습관이 자연스럽게 더 좋은 기회들을 끌어당깁니다. 이렇게 작은 연못에서 운을 키우는 습관을 충실히 만들어두면 상상해 본 적 없는 큰 성공으로 이어지기도 합니다.

저는 유튜브를 처음 시작하는 사람들에게 이렇게 말합니다. "처음엔 신경 쓰지 말고 영상을 마음껏 올려보세요. 보던 사람이 없기에 그만큼 자유롭게 시도하고 시행착오를 겪을 기회가 많아요!" 10만, 50만, 100만 구독자를 가진 인플루언서들은 콘텐츠 하나를 올릴 때마다 구독자들의 반응을 신경 쓰고, 수없이 고민해야 합니다. 하지만 규모가 작은 채널에서는 시선에 얽매이지 않고 다양한 실험을 할 수 있습니다.

또한 긍정적이든 부정적이든 댓글이 달리면 기쁘게 "예!"라고 답하며 받아들이라고 이야기합니다. 이런 작은 태도 차이가 사람들을 끌어들이는 힘이 됩니다.

지금 당신이 어디에서 무엇을 하든 마음을 다한다면 다

괜찮습니다. 당신이 하는 일이 작아 보일 수 있지만, 신이 굽어보듯 넓은 관점에서 보면 그 일이 충분히 가치 있고 크기 때문입니다.

큰물로 나아가지 못한 자신을 탓하지 말고, 작은 연못에서 찾아오는 운을 기다리세요. 운이 올 때 바로 잡을 수 있도록 실력을 키우고, 준비된 자세로 임하세요. 지금 당신이 있는 작은 연못이 바로 행운이 시작되는 곳입니다. 그곳에서 하루하루 성실히 준비하고, 스스로 운 좋은 사람이라고 믿으며 더 많은 가능성을 이루어가세요. 언젠가는 그 작은 연못에서도 큰 연꽃을 피울 수 있을 것입니다.

『부자의 운』에서 사이토 히토리는 "운은 실력보다 더 강하다. 매일 운이 좋다고 입에 달고 살다 보면 행운이 끊임없이 밀려온다"라고 말합니다. 그는 이 방법으로 누적 세금만 약 1600억 원을 낸 거부로 성장했습니다. 그러니 운을 믿고, 지금 있는 자리에서 지금 가진 것으로 시작하세요.

**내가 하는 이 작은 일은
신이 보시기에는 충분히 가치 있고 큰일이다.**

010

판의 꼭대기에 오르려면
전문성을 키워라

『지중해 부자』

책 『지중해 부자』에서 부자가 되고 싶어 하는 청년에게 멘토인 지중해 부자는 이렇게 말합니다. 일이 잘 풀리지 않으면 지금 있는 상황에서 답을 찾으려 하지 말고, 일의 방향을 아예 바꿔보라고요. 자동차 한 대를 더 팔기 위해 애쓰지 말고 누구나 인정하는 자동차 전문가가 되면 더 큰 소득이 보장될 것이라고 말입니다.

약자들은 몇 푼을 더 벌려고 경쟁하지만 지중해 부자는 그 경쟁에서 얻을 수 있는 게 별로 없다고 합니다. 차라리 한 분야에서 탁월한 전문성을 갖춰 강자가 되는 것이 더 큰 소득으로 이어진다고 강조합니다.

레드오션에서는 1등이 되기도 어렵고, 되더라도 큰 보상을 기대하기 힘듭니다. 모두가 나눠 가지는 판에서 더 많은 몫을 얻기란 쉽지 않은 일입니다. 한 대라도 더 팔려고 노력하는 행동 자체가 레드오션에 있다는 증거입니다.

판을 전부 먹어버리려면 그 판에 대해 정확히 알아야 합니다. 그것이 바로 전문성입니다. 전문성을 지니면 판의 꼭대기에서 보상을 전부 얻어낼 수 있습니다.

당장의 수익을 쫓는 대신 긴 안목을 가지고 다음과 같은 질문들을 던져보세요.

"고객이 진짜 필요로 하는 건 뭘까?"

"어떤 방식으로 나를 브랜딩해야 할까?"

"고객이 나를 인식하고 기억하게 하려면 어떤 전략을 구사해야 할까?"

"경쟁자들을 뛰어넘는 차별화 요소는 무엇일까?"

"내 브랜드를 어떻게 포지셔닝하고 전달할까?"

"어떤 세분화 전략을 통해 나만의 스타일을 만들까?"

"어떤 차별성으로 강자를 쓰러뜨릴 수 있을까? 기존 경쟁자의 제품이나 서비스의 한계를 어떻게 보완하면 좋을까?"

이런 질문들이 당신의 전문성을 기르고, 강자로 올라서는 길을 만들어줄 것입니다.

나는 두려움 없이 도전하고, 끊임없이 성장한다.

011

돈의 온도를 견딜 수 있는가

『부자의 그릇』

돈은 일종의 에너지이며, 그 에너지에는 온도가 있습니다. 그리고 사람마다 다룰 수 있는 돈의 온도가 다릅니다. 지인이 10만 원을 내게 준다고 생각해 보세요. 대부분은 '뭐, 10만 원 정도는 줄 수 있지'라고 생각할 것입니다. 10억 원을 주었을 때는 어떨까요? 너무 좋지만 '뭔가 말이 안 돼'라고 느낄 수도 있습니다. '이 돈을 왜 나에게? 이건 너무 많아.' 이렇게 생각할 수 있다는 거죠.

사람은 각자 다룰 수 있는 돈의 크기가 다릅니다. 그래서 자신의 그릇보다 많은 돈을 받으면 초조하거나 비정상적인 판단을 내리는 경우가 많습니다.

일본의 경제·금융 교육 전문가인 이즈미 마사토는 『부자의 그릇』에서 돈은 그릇이 큰 사람에게 모인다고 말합니다. 그래서 돈을 모으려고 애쓰기보다는 돈이 저절로 담길 수 있도록 그릇을 키워가는 것이 중요하다는 뜻입니다.

복권 당첨이 꿈인 분들도 많죠? 만약 정말로 복권에 당첨돼서 20억 원을 받았다면, 그 돈을 어디에 쓰고 어떻게 운용할지 바로 답할 수 있나요?

주식에 투자한다면 어떤 주식을 얼마에 사서 언제 팔 것인지, 부동산이라면 어떤 지역의 어떤 물건을 사서 어떻게 활용할 것인지, 이 과정에서 세금은 어떻게 절약할 것인지, 창업이라면 어떤 아이템을 가지고 누구를 타깃으로 어떻게 판매할 것인지. 이런 질문에 바로 답할 수 없다면 그만큼 돈의 그릇을 더 키워야 한다는 뜻입니다.

하지만 걱정할 필요는 없습니다! 돈을 다루는 능력은 충분히 키울 수 있습니다. 목표한 금액을 기억하고, 앞의 질문에서 요구하는 바를 꾸준히 실행하세요. 자신이 다룰 수 있는 돈의 '온도'를 견딜 수 있는 사람이 되세요.

1억 원, 5억 원, 10억 원, 20억 원을 현명하게 사용하는 방법을 익히면 30억 원, 40억 원, 50억 원, 심지어 100억 원의

기회도 자연스럽게 찾아옵니다. 이 글을 읽는 지금, 당신은
이미 부자의 그릇을 키워가고 있는 중입니다.

돈을 다루는 나의 능력은 매일 성장하고 있다.

012

돈은 에너지가
높은 사람에게 끌린다

『부자의 행동습관』

돈은 에너지입니다. 그래서 돈은 자신보다 혹은 자신만큼 에너지가 높은 사람에게 끌립니다. 돈에 끌려다니는 삶을 사는 이유는 에너지가 낮기 때문입니다.

에너지를 높이는 행동과 생각의 한계를 계속해서 깨부술 때, 삶은 완전히 달라집니다. 그런데 어떻게 에너지를 높일 수 있을까요?

『부자의 행동습관』에서는 그 비결을 마음 상태에서 찾을 수 있다고 이야기합니다. 가난한 생각을 버려야 부자가 될 수 있다는 말입니다. 사람은 생각을 현실로 만들어가는 존재

이기 때문이죠. 이루고 싶은 생각에 압박을 가하고, 그 생각을 강하게 유지할수록 에너지는 더욱 커집니다. 성공한 사람과 그러지 못한 사람의 차이는 바로 이 에너지를 어떻게 사용하느냐에 있습니다.

면접에 떨어진 사람이 식음을 전폐하고 무기력하게 누워 있다고 상상해 보세요. '나는 못난이야. 면접에서 왜 그랬을까?'라며 자책하고 후회하고 있을 때, 그의 에너지는 바닥을 칩니다. 그때 전화가 옵니다. "합격하셨습니다. 내일부터 출근하시면 됩니다. 전신 오류로 메시지가 잘못 전달되었습니다. 죄송합니다." 그 순간 그는 벌떡 일어나 씻고 출근 준비를 할 것입니다. 에너지가 확 올라갔기 때문입니다.

당신의 에너지도 이렇게 끌어올릴 수 있습니다. '내가 잘못한 것 같아. 나 때문이야. 나는 아무것도 못 해. 돈이 없잖아. 사람들은 나한테 관심도 없네…' 이런 부정적인 생각에 빠져 있을 때 에너지는 계속 내려갑니다. 반면 '너무 기쁘다! 뭐든 시도하고 싶어! 신난다!' 같은 긍정적인 감정이 샘솟을 때 에너지는 최대치로 올라갑니다. 결국 당신의 에너지는 머릿속을 채우는 이미지에 달려 있다는 것입니다.

당신은 남은 인생을 어떤 에너지로 채우고 싶나요? '나는 강자가 되어가고 있어!'라고 생각하면서 긍정의 에너지로

가득 채울 건가요? 아니면 '나는 못 해'라고 생각하며 에너
지를 계속 낮출 건가요? 선택은 당신의 몫입니다.

나는 내 마음 상태를 조절하며 멋진 미래를 창조한다.

013

상실의 고통이
나를 성장시킨다

『인생 수업』

배신과 상실의 아픔은 누구에게나 큰 고통을 안겨줍니다. 믿었던 사람에게 배신당하거나, 그동안 쏟은 노력과 시간이 무너질 때의 충격은 말로 표현할 수 없습니다. 특히 가까운 사람에게 버림받으면 자신에 대한 신뢰까지 흔들립니다. 그 고통은 돈을 잃는 것에서 그치지 않고 마음까지 썩어 들어가게 만듭니다. '왜 나에게 이런 일이 일어났지?' '어떻게 다시 일어서지?'라는 질문만 계속 머릿속에 맴돌지요.

하지만 많은 사람이 배신과 상실을 겪고, 그 속에서 배우고 성장해 나갑니다. 엘리자베스 퀴블러로스Elisabeth Kübler-Ross

는 책 『인생 수업』에서 "이 세상이 하나의 학교라면, 상실과 이별은 주요 과목입니다"라고 말했습니다. 상실과 이별은 고통스럽지만 반드시 겪어야 할 경험이며, 그 경험을 통해 더 강한 사람이 될 수 있다는 뜻입니다.

저도 비슷한 경험을 했습니다. 어릴 적부터 함께한 이를 돕기 위해 처음에는 수십만 원에서 시작해, 수백만 원, 수천만 원을 쏟았습니다. 그 금액은 억 단위에 달하게 되었지만 관계는 점차 멀어졌고, 지금은 연락조차 끊겼습니다.

그 일로 한참 괴로울 때 들은 말이 있습니다. "1억 주고 10억을 벌었다." 그 사람과 계속 얽혔다면 더 큰 손해를 봤을 텐데, 인연이 끊어져 더 큰 손실을 막았다는 해석이었습니다. 그렇게 생각하니 위로가 되었습니다. 그리고 그 경험으로 비슷한 유형의 사람과는 관계를 맺지 않는 삶의 지혜를 얻었습니다. 충분히 배운 것입니다.

아픔 속에서 우리는 자연스럽게 상실의 5단계를 경험하게 됩니다. 처음에는 '믿을 수 없어'라는 부정의 감정이 들고, 그다음에는 '왜 이렇게 됐을까?'라는 분노가 밀려옵니다. 그 후 '관계가 다시 회복될 수 있을까?'라는 타협의 시기가 오지만 곧 절망에 빠집니다. 하지만 시간이 지나면서 '더 큰 손해를 막았구나'라는 수용의 단계로 나아갑니다. 저도 상실을 수용한 덕분에 더 신중하게 사람들을 대하게 되었습니다.

법정 스님은 "우리가 겪는 고통은 진실하지 않은 사람에게 진실을 투자한 대가다"라고 말했습니다. 그 말처럼 배신의 아픔은 내가 진실을 투자한 상대가 진실하지 않았기에 겪은 대가였음을 깨달았습니다. 이러한 의미에서 모든 관계는 중요한 교훈을 안겨줍니다.

첫 만남에서부터 마지막 작별 인사까지, 우리는 끊임없이 관계를 맺으며 살아갑니다. 그 관계 속에서 우리는 몰랐던 자신을 발견하게 되고, 그 과정을 통해 상처를 치유하며 한 걸음씩 더 성장합니다.

어둠 속에서 빛을 찾는 법을 배운 사람은 언제든 다시 빛으로 나아갑니다. 이 시간이 지나면 더 밝고 넓은 안전한 세상이 기다리고 있습니다. 그러니 이제 과거를 놓아주고 더 나은 내일을 향해 나아가세요. 온 세상이 당신의 편입니다.

세상은 넓고 좋은 사람은 많다.

당신은 유일한 존재다

『데일 카네기 자기관리론』

『데일 카네기 자기관리론』에서 〈누구를 위하여 종을 울리나〉의 감독 샘 우드는 "젊은 배우들에게 '자신이 되라'고 설득하는 일이 가장 골치 아프다"라고 이야기합니다. 젊은 배우들은 모두가 다 아는 유명 배우의 이류, 삼류가 되려고 한다는 것이죠. 구직자 6만 명의 면접을 본 인사담당이사 폴보인튼도 비슷한 말을 했습니다. "구직자가 저지르는 가장큰 실수는 자신이 아닌 다른 사람처럼 구는 것입니다." 긴장을 풀고 솔직하게 말하는 대신 상대방이 원하는 답을 하려고애쓴다는 것입니다.

우리는 위조지폐를 원하지 않습니다. 이유는 간단합니다. 가짜이기 때문입니다. 5만 원짜리 위조지폐가 아무리 새것 같고 진짜처럼 보여도, 우리는 구겨진 진짜 5만 원을 선택합니다. 그런데 왜 당신은 겉만 번지르르하고 속은 텅 빈 가짜 인생을 살고자 하나요? 좀 구겨지면 어떻습니까? 진짜의 삶을 살아가세요. 독창적인 스타일로, 자신만의 길을 가며 삶을 채워가세요. 당신이 진정으로 원하는 것, 당신만의 취향으로 천천히 삶을 만들어가세요.

당신은 이 세상에서 완전히 새로운 존재입니다. 태초부터 지금까지 당신과 똑같은 사람은 한 명도 없었고, 앞으로도 없을 것입니다. 지금 이 나라에서 태어나 당신과 같은 경험을 한 사람은 온 우주 역사상 아무도 없습니다. 많은 세월이 흘러도 그러할 것입니다. 어느 작가는 이렇게 말했습니다.

"나는 셰익스피어에 필적하는 책을 쓸 수는 없어. 하지만 내 책이라면 쓸 수 있지."

텔레비전 속 요리사처럼 근사한 음식을 만들 수는 없지만, 나만의 요리는 할 수 있습니다. 저 사업가처럼 큰 사업체를 가질 수는 없지만, 내 사업체는 가질 수 있습니다. 비록 결점도 있고 한계도 있지만, 나는 나로서 충분합니다. 그러니 당신 자신이 되세요.

누군가와 비슷한 모습이 되려고 하니 인생에 불협화음이 생기는 것입니다. 이제 나 자신이 될 시간입니다. 기억하세요. 당신은 세상에서 완전히 새롭고 유일한 존재입니다. 그 사실에 기뻐하며 주어진 것들을 최대한 활용하는 삶을 사세요. 당신은 오직 당신 자신만을 위해 노래할 수 있고, 당신 자신만을 그릴 수 있습니다.

나는 진짜 나답게 살기 위해 이 세상에 왔다.
나는 될 수 있는 최고의 나를 만나기 위해 태어났다.
이 세상에서 내가 할 일은
내 삶을 온전히 살아가는 것이다.

015

많음보다 꾸준함

『늦깎이 천재들의 비밀』

고흐와 고갱은 모두 늦은 나이에 그림을 시작했습니다. 고흐는 27세, 고갱은 35세에 화가의 길을 걷기 시작했고, 다른 화가들에 비해 실력이 부족하다는 비판을 받았습니다. 하지만 그들은 멈추지 않았고, 오늘날 위대한 화가로 기억되고 있습니다.

책 『늦깎이 천재들의 비밀』에서는 늦게 시작한 사람들이 깊이 있는 경험을 통해 강해진다고 말합니다. 실패와 시행착오는 중요한 배움의 기회가 될 수 있습니다. 레오나르도 다빈치는 미술, 과학, 공학 등 다양한 분야에서 활동하며 혁신적인 아이디어를 제시했고, 토마스 에디슨은 수많은 실험을 통해 전구와 발명품을 만들었습니다. 해리슨 포드는 목수에서 배우로 전향해 할리우드 스타가 되었습니다. 이들처럼 늦게까지 다양한 경험을 쌓은 사람들이 결국 위인이 됩니다.

당신은 절대 뒤처지지 않았습니다. 남들과 비교하지 마세요. 꽃이 피는 속도가 다르듯, 사람도 저마다 발전하는 속도가 다릅니다.

오늘의 나를 어제의 나와 비교하세요. 누군가를 보며 '내가 너무 뒤처졌나?'라고 자책하지 마세요. 아직 어디로 가고 있는지 정확히 모를 수 있지만, 그 길을 가고 있다는 사실 자체가 중요합니다.

무엇보다 끝까지 포기하지 않고 꾸준히 노력하는 자세가 필요합니다. 실패를 두려워하지 말고 여러 번 시도하며, 때로는 용감하게 다른 방향을 선택하는 것이 결국 당신을 더 넓은 길로 인도할 것입니다.

원하는 대로 삶이 굴러가지 않을 수도 있습니다. 그러나 그동안 경험한 모든 것들은 결코 낭비가 아닙니다. 당신의 경험 중 버릴 것은 하나도 없습니다. 각자의 분야에서 전문성을 갖추는 데 시간이 걸릴 수 있지만, 꾸준히 노력하는 사람은 결국 결과를 얻습니다.

지금 얼마나 갔는지 걱정하기보다는 꾸준히 내 길을 가고 있는지 점검해 보세요. 중요한 건 끝까지 멈추지 않는 것입니다.

나의 현재는 새로운 알아차림으로 가는 디딤돌이다.

016

나에게 도움이 되는
믿음을 가질 것

『유쾌한 창조자』

평범한 사람은 비웃을 수 있지만, 성공한 사람은 지키는 원칙이 있습니다. 똑같이 일하더라도 이 원칙 때문에 결과가 달라집니다. 단순합니다. 바로 '잘될 것이라 믿는다'는 것입니다.

효과가 없는 약을 진짜 약으로 믿고 복용하면 실제로 효과가 나타나는 '플라시보 효과'처럼 어떤 일이든 '믿음'에 따라 결과가 달라집니다.

에스더 힉스Esther Hicks와 제리 힉스Jerry Hicks의 책 『유쾌한 창조자』에서는 소망이 있다면 그 소망을 받아들일 수 있는

62

기분 속으로 들어가야 한다고 말합니다. 긴장감이나 분노, 열등감 등에 휩싸이지 않는 편안한 마음이어야 한다는 것이죠. 저는 그 마음을 만드는 것이 곧 믿음과 긍정적인 기대라고 생각합니다.

발표를 앞두고 떨릴 때 '불안해서 그래'라고 생각하면 호흡이 힘들고 두려움이 커지지만 '이건 설렘이야. 열정적으로 준비했고, 사람들에게 보여줄 생각에 흥분한 거야'라고 믿으면 긴장이 긍정적인 에너지로 바뀌어 잘해낼 수 있습니다. 시험을 볼 때도 '이번 시험을 잘 보면 사람들이 어떻게 공부했냐고 물어보겠지'라고 믿으면 좋은 성적으로 이어집니다.

내 마음의 주인으로 산다는 것은 외부 상황에 휘둘리지 않고 내면의 믿음을 굳건히 하는 것입니다. 외부의 소음은 그저 배경일 뿐, 중요하지 않습니다. 흔들리지 않고 나에게 도움이 되는 믿음을 가져보세요. 믿음이 길을 열어줄 때, 나는 원하는 모든 것을 이룰 수 있습니다.

진정한 힘은 내가 가진 믿음에서 나온다.
기적은 내가 가진 믿음에서 출발한다.

017

믿음은 현실을 바꾼다

『마음의 시계』

믿음은 현실을 바꾸기도 합니다. 하버드대학교 심리학과 종신교수로 40년간 마음챙김을 연구한 엘렌 랭어Ellen Langer 교수가 저서 『마음의 시계』에서 소개한 실험이 그 예입니다. 이 실험은 청소부들의 믿음이 건강에 미치는 영향을 보여줍니다.

실험에 참여한 84명의 청소부는 두 개의 호텔에서 일하고 있었습니다. 대부분 체중 증가와 혈압 상승 등 건강 상태가 좋지 않았는데, 입을 모아 말했습니다. "나이가 드니까 살도 찌고 혈압도 올랐어요. 운동을 해야 하는데 일이 너무 많아서 시간이 없어요." 실제로 그들 모두 자신의 말처럼 체중이 많이 나가고 혈압도 높았습니다.

상담원은 두 호텔 가운데 한 호텔의 청소부들을 만나 이렇게 말했습니다. "여러분은 매일 살 빠지는 운동을 하고 계세요. 침대 시트 교체와 바닥 청소에는 실제로 운동 효과가 있고 칼로리를 소모합니다. 침대 시트를 갈 때 40칼로리, 바닥을 청소할 때 50칼로리를 태우죠. 하루 평균 두 시간 반 정도 운동하는 셈입니다."

이 말을 들은 청소부들은 자신들이 일을 하면 하루 평균 두 시간 반 정도 운동을 하게 된다는 사실을 믿고 일을 시작했습니다. 한 달 뒤, 놀라운 결과가 나타났습니다. 실험에 참여한 청소부들은 체중, 체지방 비율, 허리둘레가 줄고 혈압도 떨어지는 등 건강 상태가 눈에 띄게 좋아졌습니다. 실제로 더 많은 운동을 한 것이 아니라 이미 운동을 하고 있다고 믿었을 뿐인데도 말입니다.

믿음에 따라 실제로 현실이 변하는 것입니다. 믿음을 바꾸면 결과도 바꿀 수 있지요. 그런데 왜 믿음을 바꾸지 못할까요? 변화를 가로막는 세 가지 생각이 있습니다.

'나는 이걸 할 수 없어.'

'하기 싫어.'

'이걸 할 환경이 안 돼.'

이 생각을 의식적으로 뒤집어 보세요.

'나 이거 너무 하고 싶어.'

'할 수 있어.'

'행동하기에 딱 좋은 환경이야.'

이 믿음이 변화를 만들어내고 더 나은 삶을 창조할 것입니다.

믿음이 내 삶에 기적을 만들어낸다.
기적은 내가 믿는 만큼 가능하다.

018

삶에 변화를 가져오는
세 가지 생각법

『미친듯이 심플』

17년간 스티브 잡스와 함께 일한 크리에이티브 디렉터 켄 시걸Ken Segall의 『미친듯이 심플』을 보면 스티브 잡스는 세 가지 사고방식으로 생각하여 삶을 변화시켰다고 합니다.

첫 번째는 '최소로 생각하는 것'입니다. 인간은 선택지가 많을수록 혼란스럽고 불행해집니다. 한 번에 받아들일 수 있는 내용도 제한적이죠. 장황한 설명보다는 간결하고 명확한 표현이 더 효과적입니다. 변화는 할 수 있는 행동, 원하는 행동, 그리고 행동하기 적합한 환경이 갖춰져야 하고, 이를 위해 선택지를 최소화하는 것이 중요합니다.

두 번째는 '상징을 생각하는 것'입니다. 단순하고 강한 이미지를 활용해 보세요. 수많은 말을 하는 것보다 한 가지 강한 메시지가 더 오래 기억에 남습니다. 지금까지 살아남은 브랜드의 아이콘을 떠올려 보세요. 복잡한 설명 없이 간결하고 강한 메시지를 가지고 있습니다. 특히 기억하기 쉬운 이미지는 단어보다 더 큰 영향을 미칩니다. 애플 로고의 사과는 복잡한 메시지 대신 직관적이고 강한 이미지를 통해 브랜드 철학을 전달합니다.

세 번째는 '평소처럼 생각하는 것'입니다. 말 한두 마디로 전할 수 있는 것을 불필요하게 20개짜리 슬라이드로 만들지 마세요. 진정한 힘은 단순함에서 나옵니다. 화려한 프레젠테이션보다는 진실된 메시지와 간결한 전달이 더 큰 신뢰를 얻습니다. 불필요한 장식은 오히려 핵심을 흐릴 수 있습니다.

고요할수록 나는 내 길을 더 선명하게 볼 수 있다.

019

유혹을 견디기 위한 설계를 하라

『클루지』

사이렌의 유혹에 저항하기 위해 자신을 돛대에 묶어달라고 요청한 그리스 신화의 영웅 오디세우스를 잘 아실 겁니다. 이 이야기의 교훈은 유혹에 빠지지 않기 위해서는 미리 대비해야 한다는 것입니다. 『클루지』 또한 자신의 충동을 예상하고 대비하라고 조언합니다.

다이어트를 결심했다면 운동하러 갈 때 신용카드를 두고 물만 챙겨 나가야 합니다. 저녁엔 식사 약속을 잡지 말고 빨리 자야 합니다. 이렇게 환경을 미리 설정하면 유혹을 피할 수 있습니다. 유혹과 싸우는 대신 유혹을 견딜 수 있는 환경을 설계하는 것이 핵심입니다.

한때 저는 불평, 비판, 합리화를 자주 하던 사람이었습니다. 그런 태도 때문에 주변 사람들과 멀어졌고, 제 모습이 창피하게 느껴졌습니다. 그때부터 "싫어"라고 말하고 싶은 순간마다 잠시 심호흡을 하고 "오히려 좋아"라고 반대로 말하기 시작했습니다. '너무 싫어. 짜증 나'라는 생각이 들 때도 마찬가지였습니다. 잠깐 멈추고 호흡을 가다듬은 후, 긍정적인 면을 찾는 데 집중했습니다. 그렇게 하다 보니 점차 그 상황의 긍정적인 점을 자연스럽게 발견하게 되었고, 이런 습관이 삶에 스며들어 오늘의 제가 되었습니다.

도덕경에서 노자가 전하는 중요한 메시지 중 하나는 "많은 것을 하려고 하지 말고, 하지 말아야 할 일을 하지 말라"입니다. 일상에서 원하지 않는 습관을 줄이고 원하는 습관을 하나씩 더해가세요. 작은 일이 쌓여 큰 일이 됩니다.

나는 승리할 수밖에 없는 환경을 지속적으로 만들어간다.

020

화를 잠재우는 법

『왓칭』

우리의 미간이 닫히는 경우가 있습니다. 화가 났을 때, 부정적인 감정이 생길 때입니다. 원시적 두뇌인 아미그달라 amygdala(편도체)가 자극을 받기 때문인데, 아미그달라는 '나는 살아남아야 한다'라는 본능적인 반응을 합니다. 그래서 '저거 잘못됐다. 위험하다. 싫은데?'라는 감정이 발생하면 이를 감지하고 신체 반응을 일으킵니다. 특히 얼굴 근육이 긴장하면서 미간이 찌푸려집니다.

이런 불편한 기능이 왜 있을까 싶지만, 아미그달라는 생존에 필수적인 존재입니다. 아미그달라를 마비시킨 동물은

먹이를 빼앗기거나 심지어 잡아먹혀도 아무런 감정을 느끼지 못합니다. 그런데 이토록 중요한 존재인 아미그달라의 정신 연령은 5세 수준의 어린아이입니다. '내 편'인지 '네 편'인지 정도만 구분할 수 있습니다.

책 『왓칭』에는 아미그달라에 대한 재미있는 사례가 등장합니다. 한 여성이 호텔에서 남편과 늘씬한 여자가 함께 나오는 장면을 목격합니다. 그러면 너무 화가 난 나머지 아미그달라가 새빨갛게 자극됩니다. 미간이 찌푸려지고 감정이 요동칩니다. 그때 여동생에게 전화가 옵니다. "언니, 나 오늘 형부가 호텔에서 맛있는 거 사줬어." 그 말을 들으면 갑자기 화가 싹 가라앉습니다. 남편이 바람을 피운 줄 알았는데, 사실이 아니었기 때문입니다.

이처럼 아미그달라가 자극돼서 부정적인 생각들이 휘몰아칠 때에는 '화'에서 '평화'로 가는 방법을 사용해 보면 좋습니다. 숫자를 세면서 내 안에 있는 빨간 어린아이가 점차 파랗게 식어가는 모습을 한번 상상해 보세요. 그리고 그 아이에게 '분노' 같은 이름을 붙여주어, 나와 분리해 보세요.

이 아이를 계속 쥐어박고 부정적인 생각을 멈추라고 윽박지르면 그 아이는 오히려 점점 더 커지고 붉어질 것입니다. 그런데 '화가 났네. 맞아. 너는 화낼 자격이 있어. 하지만 보렴. 숫자를 셀 때마다 점점 파랗게 식어가잖아'라고 생각하면 그에 맞춰 천천히 변합니다. 이것이 '관찰자 효과'입니다.

부정적인 감정에 이름을 붙이고 한 걸음 떨어져 바라보면 아무리 크고 뜨거운 감정이라도 보통은 90초 만에 사라집니다. 이제 화가 나서 미간이 찌푸려질 때 이렇게 이야기해 보세요.

"나를 생각해 줘서 고마워. 그런데 90초가 지났거든. 이제는 위험하지 않아. 화내지 말고 조용히 가. 괜찮아. 나는 안전해." 이렇게 감정을 관찰하고 분리하여 다루는 방법은 감정이 통제 불능 상태로 번지는 것을 막아줍니다.

모든 감정은 나를 보호하는 존재다. 나는 안전하다.

021

분노의 배후

『심리학이 분노에 답하다』

살다 보면 분노할 일이 참 많습니다. 우리는 그때마다 분노를 억눌러야 할지, 표현해야 할지 고민합니다. 그런데 『심리학이 분노에 답하다』에서는 우리에게 진정으로 필요한 것은 분노를 억제하거나 충동적으로 표출하는 것이 아니라 진짜 이유를 이해하는 것이라고 말합니다.

연인에게 실망하고 화가 나는 이유는 그만큼 사랑했기 때문입니다. 분노의 배후에는 '너무 억울해' '너무 기대했나?' '저 사람은 나쁜 사람이야' 같은 실망감, 심판, 두려움이 숨어 있습니다. 이렇게 이유를 이해하면 대처가 가능해집니다.

분노의 이유를 파악하는 일은 메타인지와도 큰 연관이 있습니다. 메타인지는 자신의 사고와 감정을 인식하고 조절하는 능력을 의미합니다. 이 능력을 기르면 감정을 객관적으로 바라보고, 원인과 그로 인한 행동을 분석할 수 있게 됩니다.

틱낫한 스님은 화가 나면 자신의 감정을 바로 분석한다고 합니다. 화가 나는 이유를 '기대한 대로 일이 진행되지 않아서' '중요하게 생각한 부분이 지켜지지 않아서' 등으로 이해하고, "지금 내가 화가 났구나. 이 감정은 지나갈 거야"라고 조용히 말하며, 감정을 자연스럽게 흘려보낸다고 하지요.

이것이 메타인지 훈련입니다. 이를 통해 감정을 객관적으로 바라보고, 감정에 휘둘리지 않으며, 보다 차분하게 상황을 분석하고 대응할 수 있습니다. 자기 인식을 통해 감정과의 관계에서 주도권을 쥐고, 감정이 지나간 후에는 그 과정을 되돌아보며 더 나은 대응 방법을 찾을 수 있습니다.

나는 나의 감정을 자연스럽게 흘려보낸다.

022

새로운 의식 상태로 옮겨가라

『브레이킹, 당신이라는 습관을 깨라』

조 디스펜자Joe Dispenza 박사의 『브레이킹, 당신이라는 습관을 깨라』는 변화를 원한다면 새로운 의식 상태로 이동해야한다고 말합니다. 우리는 늘 같은 생각과 행동을 되풀이하면서 그 패턴에 익숙해집니다. 그 결과 삶은 습관적으로 이어지며, 몸이 마음의 주인이 되어 지배하게 됩니다. 긍정 확언을 반복하고, 의도적으로 변화를 시도해도 변화가 일어나지 않는다면 이미 몸에 배어 있는 낡은 습관 때문입니다.

변화를 원한다면 이제까지의 부정적인 생각과 행동 습관을 버리고, 이상적인 자신을 상상하며 그 모습에 몸을 길들여야 합니다. 이 과정이 바로 기적 같은 변화를 경험한 사람들의 비밀입니다.

우리가 깨야 할 습관은 부정적인 수식어를 붙이는 사고방식입니다. 예를 들어 '나는 화를 잘 내는 사람'이라거나 '나는 돈을 못 버는 사람' 같은 자기 자신을 제한하는 생각들을 떼어내야 합니다. 그러지 않으면 많은 돈을 얻으려고 아무리 노력해도 돈이 고이지 않고 빠져나가기만 합니다.

제가 운영하는 리치써클아카데미의 네이버 카페에 M 님의 사연이 올라왔습니다. 황반변성으로 시력을 상실할 가능성이 있다는 진단을 받았다는 것입니다. 진단을 받고 마음이 너무 불안해진 그분은 계수기를 가지고 다니며 하루 5000번씩 "감사합니다"를 반복했다고 합니다. 5개월 뒤, 병원 검사에서 정상에 가까워졌다는 소견을 받았습니다. 비슷한 시기에 이전 같았으면 한 달 동안 벌 돈을 이틀 만에 벌 기회가 생기고, 집도 재개발이 되어 아파트가 두 채나 생겼다고 합니다. 그 뒤로도 늘 계수기를 가지고 다니며 하루에 5000번씩 "감사합니다"라고 말하는 습관을 이어가고 있다고 했습니다.

이처럼 "나는 운이 좋다. 감사할 일이 많다"라고 반복해서 말하며, 어떤 일이 일어나도 그것이 점점 더 좋아지는 증

거라고 믿는 사람들에겐 긍정적인 변화가 생깁니다.

이제부터 주어진 축복을 기쁘게 받는 습관을 가져야 합니다. 내가 충분히 받을 자격이 있고, 모든 좋은 것을 누릴 자격이 있다는 믿음을 확립하는 것이죠. 이렇게 우리가 자신에게 축복받을 자격이 있다는 믿음을 가지고 살면 자연스럽게 더 많은 긍정적인 일이 일어납니다.

세상은 당신이 해석한 대로 당신에게 다가옵니다. 불길하게 여겨지는 숫자 4가 행운을 가져다줄 숫자라고 믿으면, 그 숫자를 통해서도 행운을 경험하게 됩니다. 마찬가지로 세상이 돈 벌기 좋은 곳이라고 생각하면 그 믿음대로 돈을 벌 기회가 찾아옵니다. 재미있는 일이 자주 일어나는 사람에게는 항상 더 많은 재미있는 일이 일어나듯 말이지요. 생각하는 습관과 행동하는 습관을 바꿔보세요. 가는 곳마다 길이 열릴 것입니다.

나는 운이 좋은 사람이며, 좋은 일이 늘 나에게 찾아온다.

023

강박과 중독에서
벗어나는 말버릇

『돈의 신에게 배우는 머니 시크릿』

『돈의 신에게 배우는 머니 시크릿』에서는 계속 머리를 흔
드는 이상한 사람들이 나옵니다. 이 사람들은 왜 정신없게
머리를 흔들고 있을까요? 현실을 똑바로 보고 싶지 않아서
입니다. 현대 사회에서 이런 행동은 두 가지 형태로 나타납
니다. 바로 '강박'과 '중독'입니다.

강박은 두려움을 피하려는 시도입니다. 사람들은 '~해야
만 해'라는 강박적인 규칙을 세우고, 그 규칙을 지키지 않으
면 불안해합니다. 반면 중독은 마음속의 빈 구멍을 채우기
위해 무언가에 빠져드는 것입니다. 술을 마시거나 너무 오래

휴대폰을 보는 행동, 일을 과도하게 하거나 취미에 지나치게 몰두하는 방식으로 현실을 회피하려 합니다. 중독은 자기 자신을 제대로 바라보지 못하게 방해합니다.

강박과 중독은 마치 뿌옇게 흐려진 거울처럼 진정으로 원하는 삶을 보지 못하게 만듭니다. '~해야만 해'라는 강박이나, 현실에서 도피하려는 중독은 우리로 하여금 항상 결핍을 느끼게 합니다. 이런 경우 어떻게 변할 수 있을까요?

먼저 남에게 잘 보이려는 생각을 버려야 합니다. '청소하지 않으면 미움 받을 거야. 그러니까 청소를 해야 해' 또는 '그가 원하는 외모가 아니라면 버림받을 거야. 그러니까 살을 빼야 해'라는 생각을 버리고, '내가 원하면 살을 뺄 수 있다' '내가 나를 사랑해서 하는 것이다'라는 마음으로 바꾸는 것입니다. 두려워서, 버림받지 않기 위해 하는 게 아니라 나를 사랑하니까, 나를 위해서 해보는 겁니다. 이러면 같은 상황에서도 마음이 훨씬 가벼워지고 자유로워집니다. 이렇게 두려움을 사랑으로 바꾸면 강박과 중독에서 벗어나 편안한 삶을 살 수 있습니다.

"~해야만 해"라는 강요와 압박의 말을 이렇게 바꿔보세요. "내가 원한다면 충분히 할 수 있다!"라고요. '살을 빼야 한다'라는 생각보다 '살을 뺄 수 있다'라는 생각으로, "돈을 벌지 못하면 죽어"라는 말보다 "내가 원하면 돈을 더 벌 수 있어"라는 말로, '행복해져야만 해'라는 강요 대신 '행복해질 수 있다'라는 기대로 바꿔보는 것입니다.

같은 재료로 만든 요리도 혼날까 봐 두려움에 떨며 만든 것보다 사랑하는 마음으로 만든 것이 훨씬 맛있습니다. 심리학자 앨런 레이튼Allen Leighton의 연구에 따르면 사랑을 담아 만든 음식이 더 맛있다는 평가를 받았다고 하지요. 감정이 요리의 품질에 실제로 영향을 미친 것입니다.

동일한 상황에서도 사랑을 선택하면 긴장을 풀고 본질에 집중할 수 있습니다. 사랑하는 마음으로 '내가 하고 싶으면 하고, 싫으면 하지 않아도 괜찮다'라는 유연한 태도는 영혼에 여유를 주며, 더 큰 가능성을 열어줍니다. 두려움을 사랑과 자신감으로 바꾸면 강박과 중독에서 벗어나 삶의 진정한 자유와 가능성을 향해 나아갈 수 있습니다.

내 삶은 나를 사랑하는 선택으로 가득 찬다.

024

가장 먼저 타인의 기준을 쳐내라

『놓치고 싶지 않은 나의 꿈 나의 인생』

나폴레온 힐Napoleon Hill의 『놓치고 싶지 않은 나의 꿈 나의 인생』에서 소개된 이야기입니다. 어느 날 공장의 기계가 멈췄습니다. 기계 수리가 시급했지만 아무리 해도 문제가 해결되지 않았습니다. 결국 전문가가 찾아왔고, 그는 기계를 점검한 뒤 한 귀퉁이에 엑스X 표시를 한 후 망치로 그 지점을 내리쳤습니다. 기계는 다시 원활하게 작동하기 시작했고, 얼마 후 공장에는 200달러의 청구서가 도착했습니다. 그 청구서에는 망치로 내리친 비용이 5달러, 엑스 표시를 찾는 비용이 195달러라고 적혀 있었습니다.

당신은 삶에서 '어디를 쳐내야 할지 아는 능력'을 가지고 있나요? 전문가는 문제의 본질을 정확히 파악하고, 해결책을 찾아내는 일에 더 높은 가격을 매겼습니다. 삶에서도 마찬가지입니다. 문제를 마주할 때 그 문제의 본질을 파악하고, 무엇을 제거해야 하는지 아는 것이 중요합니다.

그렇다면 무엇을 쳐내야 할까요? 가장 먼저 '타인을 기준으로 두는 버릇'을 쳐내야 합니다. 많은 사람이 다른 사람의 기대에 맞추려 애씁니다. 하지만 타인의 기준에 맞추다 보면 진정으로 원하는 것이 무엇인지 혼란스러워지고, 결국 자기 자신을 잃어버리게 됩니다.

목표를 설정할 때 타인의 기대가 아닌 자신의 기준을 따를 때 더 큰 만족을 느낄 수 있습니다. 연구로도 증명된 사실입니다. 자기결정 이론Self-determination theory에 따르면 사람들은 무엇을 할지 스스로 결정하고 행동할 때 더 큰 행복을 느낀다고 합니다. 사회적 비교 이론social comparison theory에서는 다른 사람과 자신을 비교하는 것은 자존감을 떨어트리고 행복에 부정적인 영향을 미친다고 이야기합니다.

타인의 기대에 맞추려는 순간을 기민하게 캐치하고 그것이 본래 목표와 얼마나 일치하는지 점검해 보세요. "나는 부자로 살 거야"라고 말할 때 '아직 부자가 아닌데 그렇게 말하면 비웃음을 당하지 않을까'라는 생각이 든다면 남의 눈치를 보고 있다는 뜻입니다.

하지만 굶어 죽을 위기에 처한 사람이 당신을 본다면 그는 당신을 '엄청난 부자'로 여길 수도 있습니다. '내가 너처럼 직장 다니고 월세 낼 돈이 있다면 소원이 없겠다'라고 생각할지도 모릅니다. 그렇다면 "나에겐 나를 먹여 살릴 충분한 돈이 있어. 나는 내가 원하는 삶을 만들어가는 중이야"라고 자신 있게 말할 수도 있겠죠.

타인의 기준에 휘둘리지 말고 자신만의 기준으로 살아가세요. 자신의 목표와 가치관을 기준으로 삶을 설계할 때, 진정한 자신감을 얻고 원하는 삶을 살 수 있습니다. 그 확신이야말로 인생을 바꿀 수 있는 원동력이 됩니다.

나는 내 방식대로 당당하고 솔직하게 살아간다.

025

가난을 모르고 번 돈은
빨리 잃는다

『절제의 성공학』

"부는 가난이 모여서 이루어진다"라는 일본의 관상가 미즈노 남보쿠의 말은 가난을 겪고 있는 이들에게 중요한 교훈을 줍니다.

한 젊은이가 남보쿠에게 묻습니다. "저는 젊을 때 노력해서 큰 재물을 얻었습니다. 이 재물을 어떻게 지키고 키워나갈 수 있을까요?" 남보쿠는 이렇게 답합니다.

"부자가 가난을 알면 재물의 시작과 끝을 다 아는 것이므로 망하지 않는다. 복을 불러들이는 사람은 아랫사람에게 인자하고, 윗사람에게 공손하며 절대 교만하지 않기 때문에 가세가 기울지 않는다. 부귀는 가난이 모여 생긴다."

가난은 단순히 경제적 결핍을 의미하는 것이 아닙니다. 가난은 재물을 지키고 키워나갈 수 있는 지혜를 알려주는 스승입니다.

가난을 경험한 사람은 세상을 깊은 관점에서 바라봅니다. 돈을 소중히 여기고 쉽게 낭비하지 않습니다. 반면 쉽게 돈을 번 사람은 그 돈을 쉽게 날릴 위험이 큽니다. 최근 가상화폐 투자로 급격히 부를 얻은 사람들 중 일부는 과도한 사치와 무리한 투자로 큰 손실을 겪었습니다.

워런 버핏은 '가난을 모르고 번 돈은 빨리 잃는다'라는 교훈을 몸소 실천한 대표적인 인물입니다. 자산이 약 1300조 원에 달하지만 그는 1958년에 4600만 원을 주고 구입한 집에서 66년째 살고 있습니다. 중고차를 타고 매일 아침 3달러짜리 맥도날드 햄버거를 먹는 소박한 생활을 유지하고 있지요. 재물의 근본을 알고, 겸손으로 부를 지키는 대표적 인물입니다.

노자는 "큰 나무는 작은 씨앗에서 자란다"라고 말하며 미천한 출발이 반드시 실패를 의미하지 않음을 알려주었습니다. 거친 파도가 위대한 뱃사공을 만듭니다. 그러니 부디 가난을 두려워 말고, 그 속에서 배우고 성장하세요. 매일 겸손과 절제를 실천하며 복을 쌓아가세요. 작은 빗방울이 모여 바다가 되는 것처럼, 당신의 절제가 결국 큰 성공을 이루게 할 것입니다.

빗방울이 모여 바다가 된다.

026

일상의 경험이 모여
재물이 된다

『온워드』

『온워드』는 스타벅스의 CEO 하워드 슐츠Howard Schultz의 혁신과 도전을 담아낸 책입니다. 스타벅스를 떠올리면 북적이는 분위기 속에서도 편안하고 자연스러운 공간이 바로 그려집니다. 세상에는 많은 카페가 있지만 스타벅스는 그 어디에서도 찾아볼 수 없는 독특한 정서와 분위기를 가지고 있습니다.

슐츠는 "스타벅스는 커피를 팔지 않는다. 우리는 커피를 매개로 사람들과의 관계를 판매한다"라고 말하며, 스타벅스를 단순한 커피 전문점이 아닌 사람들 간의 '연결'과 '편안함'을 제공하는 마법의 공간으로 만들었습니다.

그는 "돈을 버는 것보다 더 중요한 것은 사람들에게 행복을 주는 것"이라고 믿었습니다. 그래서 고객들이 따뜻한 대접과 소속감을 느끼는 공간을 창조했습니다. '커피'라는 음료는 그저 매개체일 뿐, 중요한 것은 사람들 간의 감정적 연결입니다.

슐츠는 이렇게 스타벅스라는 상품에 영혼을 담았습니다. 돈을 벌고 싶다면 이처럼 타인의 마음에 작은 마법을 불어넣을 수 있어야 합니다.

슐츠는 세계 곳곳의 소매점을 방문하는 일을 게을리하지 않았습니다. 다양한 매장을 돌아보며 물을 흡수하는 스펀지처럼 매장 디자인, 배치, 직원들의 행동 등을 머릿속에 새기고 이 공간들이 주는 즐거움을 스타벅스의 문화에 녹여냈습니다.

당신도 고유한 것을 창조해야 합니다. 일상 속 경험을 바탕으로 사람들이 무엇을 원하는지 생각하는 감각을 기르고, 이를 충족시킬 것을 상상하고 창조해 보세요.

대중교통을 이용하며 사람들이 어떤 말을 하고 무엇에 관심을 가지는지 관찰하고, 다양한 매장을 방문해 보세요. 그리고 나만의 브랜드를 어떤 식으로 만들고 성장시키고 싶은

지 깊이 고민해 보세요. 이런 일상이 쌓여 당신만의 마법을
만들어줄 겁니다.

나는 사람들의 마음에
작은 마법을 불어넣는 사람이다.

027

돈을 지배한다는 감정

『EQ 감성지능』

"해외여행? 나도 가고 싶지. 그런데 돈이 없어." 주위에 이렇게 말하는 사람이 한 명쯤은 있을 것입니다. 하지만 돈이 없다는 말은 거짓말입니다. 해외여행 갈 돈은 늘 있습니다. 그러면 왜 가지 않는 걸까요? 해외여행보다 더 중요한 것들이 있기 때문입니다. 월세, 휴대폰 요금, 교통비 등 당장 해결해야 할 비용들이 많아서 여행은 우선순위에서 밀린 것입니다. 돈은 충분히 있지만 다른 곳에 쓰기로 결정한 것이지요.

"돈이 없어!"라는 말을 하면 평생 돈에 질질 끌려다닙니다. 이 말이 '돈 때문에 못 하는 상황'을 끌어당기기 때문입니다. 대신 이렇게 말해 보세요. "돈은 충분히 있지만 내가 중요하다고 생각하는 가치에 먼저 쓰기로 했다." 이 말이 훨씬 더 진실에 가깝습니다. 전자의 말은 돈에 휘둘리는 삶을 살겠다는 선언이고, 후자의 말은 돈을 지배하는 삶을 살겠다는 선언입니다. 그 차이는 엄청납니다.

'돈이 나를 지배한다'라는 생각과 '나는 돈의 지배자다'라는 생각을 할 때 우리가 느끼는 감정은 완전히 다릅니다. 어느 쪽의 감정이 더 생산적이고, 더 나은 삶을 이끌어갈 수 있을까요?

하버드대학교의 교수이자 저명한 심리학자인 대니얼 골먼Daniel Goleman은 그의 저서 『EQ 감성지능』에서 이렇게 말합니다. "성공적인 삶을 살기 위해 가장 중요한 것은 IQ가 아니라 EQ이며, 감성 지능이 80퍼센트, 지능 지수가 20퍼센트에 불과하다." 우리가 어떤 감정을 선택하느냐에 따라 삶이 달라진다는 것입니다.

돈과의 관계에서 진실을 마주하는 순간 더 이상 돈에 지배당하지 않게 됩니다. 같은 상황이라도 어떤 관점을 선택하느냐, 그 관점을 바탕으로 감정을 어떻게 다루느냐에 따라 우리의 삶은 완전히 달라집니다. 온 세상이 당신의 자유를 응원합니다. 당신이 더 이상 돈의 노예가 아니라, 돈을 지배하는 주인으로 살길 바랍니다.

　지금, 어떤 감정을 선택하시겠습니까?

나는 돈을 현명하게 다루는 주인이며,
돈은 나를 돕는 믿을 수 있는 하인이다.

028

돈 그릇의 입구를 넓히는 연습

『시크릿』

우리는 '현금만 돈이다'라는 오래된 고정관념에 갇혀 있습니다. 이 생각이 무의식적으로 뇌리에 박혀 있어서 부동산, 주식 그리고 비트코인 같은 자산은 돈이 아니라고 인식합니다.

이런 사고방식은 수입을 제한하는 장애물이 됩니다. 돈의 그릇이 아무리 크고 멀쩡해도 그 입구가 좁으면 실제로 들어오는 돈은 적을 수밖에 없습니다.

현실에서는 다양한 형태로 돈이 들어옵니다. 길거리에서 전단지를 받거나 스팸 전화가 걸려 오거나 하는 일도 사실은

새로운 기회의 신호일 수 있습니다. 이런 작은 기회마저 '돈'
이라 생각하고 받아들이면 삶은 점차 확장됩니다.

돈 그릇의 입구를 넓히는 방법은 매우 간단합니다. 모든
것을 '돈'이라고 생각해 보세요. 받는 모든 것을 돈이라고 생
각하는 훈련을 하는 것입니다.

누군가가 나에게 전단지나 무료 샘플을 준다면 그것도 돈
을 얻은 것처럼 생각해 보세요. 심지어 스팸 전화조차도 '돈
이다!'라고 생각할 수 있습니다.

"스팸 전화가 어떻게 돈과 연관되나요?"라고 의문을 제기
할 수도 있지만, 이 역시 돈을 끌어당기는 방식 중 하나입니
다. 내 생활에 다른 기회가 생길 수 있다는 긍정적인 사고를
만드는 것이지요.

이와 관련된 연구들도 존재합니다. 행동경제학의 관점에
서는 사람들이 돈을 어떻게 인식하느냐에 따라 실제로 그들
이 경험하는 재정적 상황이 달라진다고 합니다. 사람들이 돈
을 단순한 수단이 아니라 '흐르는 자원'으로 받아들이면 재
정적 기회가 더 많이 열린다는 것입니다.

이런 사고방식의 중요성은 전 세계에 '시크릿 열풍'을 몰
고 온 베스트셀러 『시크릿』의 저자 론다 번Rhonda Byrne의 경
험에서도 잘 드러납니다. 그녀는 한때 많은 빚을 지고 있었

지만 긍정적인 사고방식을 유지하며 상황을 극복했다고 고백합니다.

번은 자신이 지불해야 하는 청구서를 보면서 그것을 '돈'으로 인식했습니다. 청구서가 사실은 수표라고 생각했지요. 그래서 청구서가 오면 기뻐하고, 청구서를 볼 때마다 적힌 금액에 0을 더 붙여서 기록하고 '감사합니다'라는 말을 덧붙였습니다. 무엇보다 청구서를 받을 때 '수표'라는 생각이 들지 않으면 열어보지 않았다고 합니다. '더 많은 돈이 나에게 들어오고 있다'고 착각하면서 긍정적인 마음을 유지한 것이지요.

그녀는 심지어 빚조차도 '나쁜 것'이나 '부담스러운 것'으로 보지 않았습니다. 돈이 더 많이 들어올 수 있는 기회로 생각했고, 그 생각에 따라 현실도 바뀌었습니다. 작은 것에도 감사하며 모든 것이 돈이 된다고 믿는 훈련으로 재정적인 흐름을 개선한 것입니다.

무엇보다 긍정적인 사고는 론다 번의 꿈을 현실로 만들었습니다. 그녀는 그 많은 빚을 모두 갚고, 바다가 보이는 멋진 집에서 자신이 믿고 실천했던 긍정의 힘을 다른 사람들에게 전하는 스승이 되었습니다.

돈을 바라보는 마음가짐이 달라지면 실제로 삶에 들어오

는 기회와 수입이 달라집니다. 작은 것에도 감사하고 그것이 돈의 일부라고 생각하는 훈련을 한다면 돈 그릇은 더 넓어지고, 다양한 형태로 재정적 기회가 다가올 것입니다.

나는 모든 것을 돈이라고 생각하고 기쁘게 받아들인다.

029

말이 운을 부른다

『2억 빚을 진 내게 우주님이 가르쳐준
운이 풀리는 말버릇』

돈을 내야 할 때가 생기면 "나는 이걸 지불할 충분한 돈이 있어"라고 말해보세요. "집세를 내서 돈이 없네"가 아니라 "집세를 냈네. 그러니까 충분한 돈이 있는 거지"라고 말해야 합니다. 『2억 빚을 진 내게 우주님이 가르쳐준 운이 풀리는 말버릇』에서 우주님은 "지구는 행동의 별이므로 행동하지 않으면 아무것도 시작되지 않는다"라는 가르침을 줍니다. 소리를 내어 말하는 것이 '행동'의 시작입니다.

당신의 삶이라는 영화가 지금까지 재미없는 내용이라면, 가난한 주인공이 고생하는 이야기로만 가득하다면 지금부터 어떻게 해야 해피엔딩으로 향할 수 있을까요? 이렇게 말하기 시작해야 합니다.

"어느 날 나는 『돈의 그릇』을 통해 '운이 풀리는 말버릇'을 알게 되었습니다. 이 책에서 감정을 관리하고 더 나은 행동을 이끌어내는 말버릇을 배우며 점차 인생에 변화를 주기 시작했습니다. 그 덕분에 빚을 갚고 더 큰 행복을 찾을 수 있었으며, 인생을 긍정적으로 전환시키는 데 성공했습니다."

실제로 이렇게 마인드셋을 변화시킨 사람들 중에는 빚을 다 갚고 매출을 억대에서 100억대까지 만든 사람도 있었습니다. 그뿐 아니라 모두 사소한 습관을 바꾸자 인생이 완전히 바뀌었다고 고백했죠.

이 이야기를 보고도 말버릇따위 별것 아니라고 생각하며 한 귀로 흘려버릴 수도 있습니다. 하지만 밑져야 본전이지 않나요? 손해 볼 것이 없으니 시도해 볼 수도 있습니다. 당신은 어느 쪽을 선택하시겠습니까?

**나는 지금 충분한 돈이 있으며,
모든 지출을 편안하게 감당할 수 있다.**

030

멘탈이 강할수록
명쾌한 결론을 내린다

『멘탈이 강해지는 연습』

같은 상황을 다른 관점에서 바라보는 것이 돈의 그릇을 넓히는 방법입니다. 캘리포니아대학교의 심리학자 소냐 류보머스키Sonja Lyubomirsky 교수는 "행복은 환경이나 운, 지능이 아닌 상황을 바라보는 시각에 달려 있다"라고 말했습니다.

제육볶음을 먹으러 갔는데 제육볶음이 없어서 김밥을 시켰다고 해봅시다. 이때 나온 김밥을 먹으며 "맛없어. 나는 왜 되는 일이 하나도 없지?"라고 투덜거린다면 가능성이 좁은 길을 선택하는 것입니다. 부정적인 시각으로 상황을 바라보며 자신의 기회나 가능성을 스스로 제한하는 태도를 취하는 것이기 때문입니다. 반면 '생각보다 괜찮네. 빨리 나와서 오히려 잘됐어'라고 긍정적으로 생각한다면 가능성이 넓은 길을 선택하는 것입니다. 긍정적인 시각을 가지고 상황을 바라보며 그 안에서 새로운 기회나 가능성을 찾아 나서는 태도입니다.

같은 상황이라도 어떻게 바라보느냐에 따라 결과는 크게 달라집니다. 가능성이 좁은 길을 선택하면 상황에 갇히고, 불필요한 걱정이나 불평이 늘어날 뿐입니다. 가능성이 넓은 길을 선택하면 긍정적인 에너지가 생기고, 새로운 기회를 발견할 수 있습니다.

이렇듯 가능성이 넓은 길을 선택하는 것은 결코 쉽게 이루어지지 않습니다. 하지만 연습을 통해 점차 습관화할 수 있습니다. 특히 멘탈을 강하게 만드는 연습이 중요합니다. 멘탈이 강할수록 긍정적인 결론을 내리게 됩니다.

『멘탈이 강해지는 연습』에서는 미 해군 특수부대인 네이비실에서 실시하는 다섯 가지 멘탈 강화 훈련을 소개합니다. 첫 번째 훈련은 목표를 아주 자잘하게 설정하는 것입니다. 작은 목표를 세우면 소소한 승리마다 스스로를 격려할 수 있고, 그 과정에서 긍정적인 에너지를 얻을 수 있습니다.

두 번째 훈련은 긍정적인 자기 대화입니다. 스스로에게

"나는 할 수 있어" 또는 "내 노력은 좋은 결과를 만들 거야"라고 말하는 것입니다. "지금 내가 하는 일이 성공으로 이어질 거야"라고 자신에게 긍정적인 말을 해주는 것이죠.

세 번째 훈련은 시각화입니다. 아침이나 저녁에 꿈꿔 왔던 이상적인 상황을 시각화합니다. '20억, 30억, 100억을 가지고 있다면 나는 어떤 삶을 살까?' 이런 생각을 자주 떠올리면 그날의 모든 일이 그 목표를 향해 나아가고 있다는 느낌을 받을 겁니다.

네 번째 훈련은 최악의 상황을 예상하는 것입니다. 일이 잘되지 않을 경우나 위험한 상황을 미리 시뮬레이션해 보세요. 최악의 경우를 예상하고 대비해 두면 실제로 그런 상황이 닥쳤을 때 당황하지 않고 침착하게 대응할 수 있습니다. 『나는 4시간만 일한다』의 저자 팀 페리스도 사업이 망해 친구 집 복도에서 지내야 하는 최악의 상황을 떠올렸다고 합니다. 그리고 이를 견딜 수 있다고 생각했을 때 새로운 사업을 시작했습니다.

다섯 번째 훈련은 지속적인 연습입니다. 어느 분야든 한 번 마스터했다고 생각하면 더는 연습하지 않는 사람들이 있습니다. 하지만 세계 최고의 바이올리니스트인 이츠하크 펄만Itzhak Perlman은 은퇴 후에도 다음 날 다시 바이올린을 연습

했다고 합니다. 왜 은퇴했는데도 계속 연습을 하느냐는 질문에 "연습을 하면 내가 어제보다 조금 더 늘었다는 걸 알 수 있거든"이라고 말하며 미소를 지었다고 하죠. 정말 멋진 어른입니다.

이 훈련을 통해 멘탈을 강화하면 어떤 상황에서도 가능성이 넓은 길을 선택하는 지혜가 생깁니다. 이 지혜가 당신을 원하는 곳으로 이끌 것입니다.

나는 평온하게 원하는 방향으로 나아간다.

031

단 1퍼센트의 가능성일지라도

『고객의 요트는 어디에 있는가』

역사적으로 큰 업적을 이룬 인물들은 모두 한 가지 공통점을 가지고 있습니다. 99퍼센트의 뼈아픈 실패를 겪어봤다는 것입니다. 톨스토이, 다윈, 모차르트, 프로이트는 모두 천재적인 재능을 지닌 인물들이었지만 그들의 작품 대다수는 사람들의 관심을 받지 못했습니다.

톨스토이의 방에는 실패작들이 가득 차 있었습니다. 다윈은 119편의 논문을 썼지만, 오직 진화론만이 성공을 거두었습니다. 프로이트는 650편의 논문을 썼고, 모차르트도 600곡이 넘는 곡을 썼지만 대부분은 인정받지 못했습니다. 모두 이처럼 99퍼센트의 실패 속에서 1퍼센트의 성공을 이뤄냈습니다. 그들의 업적은 수많은 실패가 있었기에 비로소 가능했던 것입니다.

즉 99퍼센트의 실패가 있었기에 1퍼센트의 성공이 역사에 길이 남았던 것입니다. 누구나 실패를 경험할 수 있습니다. 중요한 것은 그 실패에 굴복하지 않고 끝까지 도전하는 마음가짐입니다. 인디언의 기우제가 성공하는 이유도 비가 올 때까지 기우제를 멈추지 않기 때문이라고 합니다. 이런 인내가 역사적 성공을 만들어냅니다.

부자들 역시 공통적으로 한 가지 특성을 지니고 있습니다. 실패를 두려워하지 않고 끝까지 인내하며 지속적으로 도전한다는 것이지요. 워런 버핏이 주주 서한을 통해 주주들에게 추천한 책 『고객의 요트는 어디에 있는가』에도 이러한 조언들이 담겨 있습니다. 투자자들이 광고나 홍보에 휩쓸리지 않고 자기 분석과 장기적인 관점을 토대로 객관적이면서도 신중한 판단을 내리게 해주는 책입니다.

이 책에서는 '투기'는 적은 돈으로 큰돈을 벌고자 하는 것이니, 실패 확률이 높다고 말합니다. 반면 '투자'는 큰돈이 작아지는 것을 막기 위한 노력이므로 성공할 확률이 매우 높다고 이야기하지요.

그리고 성공적인 투자는 시간을 충분히 두고 기다리는 것이며, 주가가 떨어져도 불안해하지 말고 긴 호흡으로 상황을 바라보아야 한다고 합니다. 실패는 일시적일 뿐, 시간이 지나면 반드시 보상이 있으므로 실패가 두려워 포기해서는 안 된다는 것입니다

따라서 주식을 샀을 때도 주가가 떨어질 때마다 신경 쓰기보다는 다음 봄이 올 때까지 기다리는 편이 좋다고 덧붙입니다. 살아 있는 동안 떨어지든 떨어지지 않든 이 과정을 되풀이하면 반드시 부자가 된다고 장담하지요.

가장 중요한 것은 인내입니다. 시간이 지나면 시장은 결국 정상으로 돌아옵니다. 이렇듯 실패는 일시적인 것입니다. 그럴 때일수록 차분히 기다리고 꾸준히 도전하는 것이 중요합니다.

물론 도전하는 과정에서 고통이 따를 것입니다. '안 될 것 같아'라는 생각이 들 수도 있습니다. 그럴 때마다 떠오르는 부정적인 생각들을 억지로 막으려 하지 마세요. 그런 생각들은 당신을 보호하려는 본능에 지나지 않습니다. 생각들을 흘려보내고 해야 할 일에 집중하세요.

단기적인 변화에 흔들리지 않고, 장기적인 관점에서 꾸준히 가치를 찾는 것이 중요합니다. 실패가 두려워서 포기하지

마세요. 눈앞의 작은 변화에 신경 쓰지 말고, 길게 보고 가치를 찾아 계속 노력하세요. 실패를 두려워하지 말고 계속해서 배우며 도전하세요. 1퍼센트의 가능성을 향해 나아가면, 그 가능성은 점점 커지고 결국 큰 성공을 이루게 될 것입니다.

실패는 당신을 무너뜨리지 못합니다. 오히려 당신을 더욱 강하게 만들 뿐입니다. 성공한 사람들은 어둠 속에서도 희미한 빛을 발견하고, 그 빛을 따라 계속 나아갔습니다. 빛이 점차 커져 어둠을 완전히 덮을 때 당신은 자신의 삶을 온전히 누리는 즐거움을 맛보게 될 것입니다. 1퍼센트의 성공이 당신을 기다리고 있습니다.

나는 내 경험 덕분에 점점 더 강해진다.

032

나의 모든 것을 바쳐 탁월해져라

『그릿』

시작은 누구나 할 수 있습니다. 하지만 '완성'은 아무나 하지 못하죠. 그 이유는 무엇일까요? 책 『그릿』에서는 뛰어난 성취를 이루는 가장 중요한 요소가 지능, 성격, 경제적 수준, 외모가 아니라 바로 '그릿grit'이라고 밝혔습니다. 그릿은 '실패에 좌절하지 않고 목표를 향해 꾸준히 노력할 수 있는 능력'을 뜻합니다.

앤절라 더크워스Angela Duckworth는 백악관과 세계은행,《포춘》500대 기업의 최고경영자들이 자문을 구하는 명망 높은 컨설턴트입니다. 그녀는 아버지에게 이런 말을 들었다고 합니다.

"너는 천재가 아니잖아."

더크워스는 이 말이 처음에는 자신에게만 해당된다고 생각했습니다. 그러다 어느 순간 그 말이 아버지 스스로에게도 향한 말이었다는 사실을 깨달았습니다. "아버지도 나도 천재는 아니었지만 천재의 정의를 자신의 모든 것을 바쳐 탁월함을 추구하는 사람이라고 바꾼다면 누구든 천재라고 할 수 있다."

이것이 바로 그릿의 핵심입니다. 끝까지 포기하지 않고 목표를 향해 나아간다면 지금 이 책을 읽고 있는 당신도 '천재'가 될 수 있습니다. 재능이 부족해도, 꾸준한 노력과 인내로 선천적 재능을 가진 사람 못지않은 성공을 거둘 수 있습니다.

세계적인 농구 선수 마이클 조던은 이렇게 말했습니다.

"내 선수 경력을 돌아보면 9000번 이상의 슛을 놓쳤고, 300번의 경기에서 패배했으며, 26번의 경기에서 마지막 순간에 경기를 뒤집을 기회를 놓쳤습니다. 나는 실패를 거듭했지만, 그 실패가 내가 성공한 이유입니다."

그의 고백은 벤저민 프랭클린Benjamin Franklin의 "실패는 단지 더 나은 방법을 찾는 과정일 뿐이다"라는 말을 실천으로 보여주는 예입니다.

실패는 결코 끝이 아닙니다. 진정한 성공은 그 실패를 극복하고, 꾸준히 나아가는 사람에게 찾아옵니다.

**나는 더 나은 방법을 찾아
목표를 향해 꾸준히 나아간다.**

033

나 자신의 코치가 되어라

『보도 섀퍼의 이기는 습관』

『보도 섀퍼의 이기는 습관』에는 다음과 같은 질문이 등장합니다. "내가 나의 유일한 코치라면 지금 나에게 뭐라고 조언할까?"

보도 섀퍼는 세상에서 가장 큰 행운은 자신이 자신의 코치가 되어주는 것이라고 말합니다. 내면의 목소리를 들으며 나아갈 때, 우리는 지금 제대로 가고 있는지 확신할 수 있습니다.

스스로 확신이 없는 사람은 이곳저곳에서 인정을 구합니다. 자신을 믿지 않기에 끊임없이 외부에서 인정받으려 하는 것입니다. 하지만 이렇게 자신을 믿지 않는 사람, 자신의 목소리를 신뢰하지 않는 사람이 성공하기는 어렵습니다.

자신을 믿고, 자신의 목소리를 신뢰하는 사람만이 진정한 성공을 이룰 수 있습니다. 이제 자신을 믿고, 내면의 빛을 찾아야 합니다. 그 빛을 따라가면 풍요로운 삶이 펼쳐지고, 어둠을 바라보면 불평과 고통이 따를 뿐입니다. 빛은 더 많은 빛을 끌어들이고, 어둠은 더 많은 어둠을 불러옵니다.

나쁜 것만 찾아내고 비판하고 불평하는 것은 무엇보다 쉬운 일입니다. 반면 내 삶에 도움이 될 무언가를 찾아내는 일은 쉽지 않지요. 하지만 그런 일을 해내는 사람만이 돈과 기회, 좋은 관계를 끌어당길 수 있습니다.

이때 유리한 상황이 오기를 기다려서도 안 됩니다. 유리한 상황이 오면 경쟁은 더욱 치열해질 테니까요. 불리한 상황에서도 기회라는 빛을 발견하는 사람, 그런 사람들이 부자가 됩니다.

승리자는 자신의 목소리를 따라갑니다. 성공한 사람들은 자기 자신을 존중하고, 그 존중을 바탕으로 행동했기 때문에 성공할 수 있었습니다. 내면의 목소리에 귀 기울이고, 그에 따라 살아가는 것보다 더 큰 보상은 없습니다.

지금 당신이 서 있는 그 자리에 문제가 있을 수 있습니다. 그러나 그 문제는 잠시 지나가는 것이며, 영원하지 않습니다. 어려움이 있다면 그것은 단지 일시적인 구름일 뿐입니다. 지금은 그 안에서 빛을 찾아보세요. 그 빛을 따라 나아가다 보면 결국 길이 열릴 것입니다.

나는 어디서든 빛을 발견하는 사람이다.

034

하루를 세 배로 사는 마법

『'한 번 더'의 힘』

일주일 뒤 죽는다면 남은 일주일을 어떻게 보낼까요? 무 엇이 가장 중요해질까요? 아마도 '시간'일 것입니다. 그동안 소홀히 여겼던 시간이 더 이상 주어지지 않는다는 사실을 알 게 되면, 우리는 비로소 시간의 소중함을 깨닫고 더욱 간절 히 원하게 됩니다.

성공한 사람들은 삶에 끝이 있다는 생각으로 매일을 살아 갑니다. '오늘이 내가 살아 있는 마지막 날'이라고 생각해 보 세요. 매일이 마지막 하루라면 그 하루가 얼마나 감사하고 값지게 느껴질까요? 모든 순간이 축복처럼 다가올 것입니다. 그리고 하루를 어떻게든 더 길게, 의미 있게 보내고 싶을 것입니다.

『'한 번 더'의 힘』의 저자인 에드 마일렛Ed Mylett은 자신이 《포브스》가 선정한 '50세 이하 최고 부자 50인'에 들 정도로 자수성가할 수 있었던 것은 하루를 24시간이 아닌 72시간처럼 생각한 덕분이라고 말합니다.

마일렛은 자신이 지능이 낮고 가족이나 주변인이 성공을 거둔 적도 없다고 말합니다. 그렇지만 '나는 늘 이긴다'라고 믿었다고 합니다. 이유는 단순합니다. 시간을 보는 방식을 바꿨기 때문입니다. 남들보다 세 배 더 살며 금 같은 하루하루를 보내는데 어쩌면 당연한 일이겠지요.

방법은 간단합니다. 오전 6시부터 오후 12시까지를 첫째 날, 오후 12시부터 6시까지를 둘째 날, 오후 6시부터 자정까지를 셋째 날로 생각합니다. 이렇게 시간을 쪼개서 활용하면 남들이 21일 동안 해야 할 일을 일주일 만에 해낼 수 있다고 합니다.

만약 하루를 세 배로 늘리는 게 어렵다면 두 배만이라도 늘려보세요. 다른 사람들은 하루가 끝날 무렵에 하는 성찰을 정오에 해보는 겁니다. '오늘의 첫날은 어땠지? 뭘 했고, 뭘 하지 않았지?' 이렇게 하면 정오부터 자정까지의 '둘째 날'

을 더욱 집중해서 살아갈 수 있게 됩니다.

이 방법을 한 달만 실천하고 나면 다른 사람과는 전혀 다른 일상을 살고 있다는 사실을 깨닫게 됩니다. 그리고 그 차이는 몇 년 후 당신의 인생을 바꿔놓을 것입니다.

나는 오늘이 마지막 날인 것처럼
후회 없이 하루하루를 소중하게 살아간다.

035

나부터 나를 소중히 여길 것

『나로 살아가는 기쁨』

왜 종이보다 다이아몬드가 더 귀할까요? 다이아몬드가 훨씬 희귀하고, 그만큼 많은 사람이 다이아몬드를 소중하게 여기기 때문입니다. 그러면 사람은 언제 다이아몬드 같은 존재로 거듭날까요? 바로 자신을 가치 있는 존재로 인식하고 소중히 여길 때입니다. 스스로를 소중히 여기고 자신의 가치를 온전히 인정할 때, 그 사람은 더욱 빛을 발합니다. 세상도 그 가치를 인정하게 됩니다. '나 자신을 소중히 여길 때 세상도 나를 소중히 여긴다'라는 진리가 성립하는 것입니다.

아니타 무르자니Anita Moorjani는 『나로 살아가는 기쁨』에서 자신의 임사 체험을 이야기하며 죽고 살아난 뒤 얻은 세 가지 깨달음을 전합니다. 첫째, 나를 조건 없이 사랑하라. 둘째, 나 자신으로 살아라. 셋째, 나의 빛을 최대한 밝히며 살아라. 이 세 가지는 매일 실천해야 할 중요한 태도입니다.

당신의 가치를 인식하고 그 빛을 밝혀나가는 것이 바로 당신이 해야 할 일입니다. 당신을 사랑하고, 당신답게 살기 위해 몸과 마음을 돌보세요. 무르자니는 자신의 가치를 깨닫고 스스로를 사랑하게 된 후 암이 치유되었다고 고백합니다.

세계 랭킹 1위 테니스 선수 안드레 애거시Andre Agassi는 이렇게 말합니다. "오늘 밤 침대에 누울 때 나 자신이 자랑스러울 거야." 하루를 마감하며 "오늘 밤 침대에 누울 때 나 자신이 자랑스러울 것이다"라고 되새겨 보세요. 자신을 소중히 여기고 나의 가치를 인정하는 하루를 보내는 것이 중요합니다. 그러면 세상도 나를 더욱 소중히 여길 것입니다.

내가 나의 가치를 알 때, 세상도 내 가치를 인정한다.

036

싫은 것은 뺄셈하여
좋은 것만 남겨라

『아디야샨티의 참된 명상』

당신은 누구인가요? 당신이 하고자 하는 일은 무엇인가요? 이 질문들에 바로 답변할 수 있나요? 꿈이 있는 사람과 꿈이 없는 사람은 삶의 모습이 전혀 다릅니다. 꿈을 가진 사람은 자신의 인생을 살지만 꿈이 없는 사람은 다른 사람의 인생을 산다는 말이 있지요.

꿈은 어떻게 발견할까요?『아디야샨티의 참된 명상』에서는 '뺄셈의 길'을 제시합니다. 기독교에서는 '부정의 길'이라고 하고, 힌두교에서는 '네티 네티neti neti(부정의 부정)'라고 부르는 방식입니다. '아닌 것'을 하나씩 부정하면서 '진짜'를 찾아가는 것으로, "빨간색이 무엇이냐?"라는 질문에 답을 찾기 위해 "빨간색은 노란색이 아니야. 파란색도 아니야"라고 하나씩 부정해 가며 좁혀나가는 식입니다. 하고 싶은 일을 찾는 방법도 비슷합니다. 무엇을 하고 싶은지 모르기 때문에 아닌 것부터 하나씩 걸러나가야 합니다.

저는 30가지의 직업을 체험하며 제가 어떤 사람인지 잘 알게 되었습니다. 그래서 이제는 혼자 글을 쓰고 그림을 그리며 탁 트인 공간에서 명상과 기도를 합니다. 만나기 싫은 사람은 아예 보지 않고, 만나면 행복하고 시간 가는 줄 모르는 사람하고만 어울리며 살아갑니다. 너무 행복합니다.

내가 무엇을 좋아하고, 어떤 일을 할 때 행복한지 찾아보세요. 여러 시도를 하면서 아닌 것을 부정하며 좁혀간다면 결국 내가 진짜로 원하는 것을 발견할 수 있습니다. 그 길을 따라가며 살다 보면, 언젠가는 '내가 원하는 삶을 살고 있다'라는 기쁨을 느끼게 될 것입니다.

**나는 내가 좋아하고 잘하는 일을 찾으며
나만의 길을 만들어간다.**

037

규칙을 깰 때
혁신이 찾아온다

『파타고니아, 파도가 칠 때는 서핑을』

《포춘》이 선정한 '지구에서 가장 멋진 기업' 파타고니아는 환경에 최대한 피해를 주지 않는 제품을 만듭니다. "우리 옷을 사지 마세요"라는 메시지를 담은 광고를 선보이며 환경 보호를 강조한 결과 전 세계적으로 사랑받는 브랜드로 거듭났지요.

CEO인 이본 쉬나드Yvon Chouinard는 환경운동가이자 창의적으로 일하는 방식을 중시하는 기업가입니다. 그래서 일을 즐겁게 할 수 있는 유연한 환경을 제공하려 애쓰죠.

파타고니아의 직원들은 파도가 좋을 때는 서핑을 하고 눈이 내리면 스키를 타며 일과 삶의 균형을 자유롭게 조정할 수 있습니다. 이를 통해 높아진 직원들의 열정과 창의력은 자연스럽게 제품과 서비스에 반영되고, 고객들은 진정성과 열정을 느끼게 됩니다.

파타고니아는 이처럼 기존의 규칙을 깬 자유로운 경영 방식으로 위대한 변화를 일으켰습니다. 당신은 지금 어떤 규칙을 따르고 있나요? 그 규칙이 정말 필요하고 편안한 것인가요? 만약 불편하게 느껴진다면, 그 규칙을 깨고 새로운 방식을 시도해 보세요.

**나는 내 삶에 긍정적인 변화를 창조하고,
새로운 기회를 맞이한다.**

038

약점보다 강점에 집중하라

『위대한 나의 발견 강점혁명』

"직장에서 당신이 가장 잘하는 일을 할 기회가 매일 있나
요?" 1000만 명이 넘는 사람들에게 이런 질문을 했더니, 오
직 30퍼센트만이 자신의 강점을 발휘하며 일한다고 답했다
고 합니다.

어느 날 당신에게 한 대부호가 찾아와 이렇게 말했다고
가정해 봅시다. "당신이 가장 잘하는 것으로 세상을 변화시
켜 보세요. 100억 원을 투자하겠습니다." 그러면서 당신은
어떤 사람이고, 어떤 강점이 있느냐고 묻습니다. 무엇을 보
고 투자해야 하느냐는 것입니다. 당신은 이 순간 바로 자신

의 강점과 투자 포인트를 설명할 수 있나요?

『위대한 나의 발견 강점혁명』은 약점을 보완하는 것은 피해를 줄이기 위한 소극적인 방법일 뿐, 성공의 비밀은 언제나 강점에 있다고 말합니다.

우리는 약점을 보완하는 데 많은 시간을 쓰지만, 실제로는 강점을 찾아 발전시키는 것이 더 효과적입니다. 그리고 강점을 발휘할 수 있는 환경에서는 생산성과 활력이 높아지지요.

강점을 구축하려면 재능, 지식, 기술이 필요합니다. 그중 가장 중요한 것은 '재능'입니다. 기술과 지식은 배울 수 있지만 재능은 타고납니다. 성공하는 세일즈맨에게 지식보다는 언변 등 사람의 마음을 휘어잡는 매력이 더 중요한 것처럼 말이죠.

진정한 강점을 키우기 위해서는 자신의 재능을 먼저 발견하고, 이를 지식과 기술을 통해 다듬어야 합니다. 오프라 윈프리 또한 "자신이 좋아하는 일을 하고, 잘하는 일을 더 잘해라. 그것이 성공의 비결이다"라고 말했습니다.

당신의 강점은 무엇인가요?

이 질문을 보자마자 떠오르는 강점을 몇 가지 단어로 적어보세요. 내가 힘들 때 나를 돕는 가장 좋은 친구는 항상 내 강점입니다. 나의 뛰어난 역량은 어려움을 극복하는 유일한 출구입니다. 지금 이 순간, 당신의 강점을 발견하고, 그것을 더욱 키워나가세요. 그 강점이 여러분을 이끌어갈 힘이 될 것입니다.

나는 내가 가장 잘하는 일로 세상을 변화시키고 있다.

039

낙관과 비관의 균형

『왜 일하는가』

'경영의 신'이라 불리는 이나모리 가즈오 회장의 '교세라'는 유명 대학 출신의 연구자가 많은 다른 기업들과 달리 박사 연구자가 거의 없었습니다. 그럼에도 불구하고 큰 성공을 거두었죠. 그 비결은 가즈오 회장이 제시한 성공 공식을 통해 알 수 있습니다. 그는 『왜 일하는가』에서 "성공 = 능력 × 열의 × 사고방식(+)"이라는 공식을 설명합니다.

여기서 '능력'은 우리가 태어날 때부터 가지고 있는 선천적인 자질이고, '열의'는 내가 어떤 마음으로 땀 흘리는가에 따라 달라지는 후천적 자질입니다. '사고방식'은 오늘의 현신을 탓하기보다 내가 하는 일을 사랑하며 미래에 대한 희망을 가지고 실천하는 것입니다. 가즈오 회장은 사고방식이 부정적이면 음(-)의 형태가 되어 인생을 실패로 이끈다고 경고하며, 긍정적이고 적극적인 태도가 성공으로 가는 열쇠임을 확신한다고 말합니다.

우리는 종종 낙관이 사업을 망칠까 걱정하고, 부정적이고 비판적인 시각을 가져야 한다고 생각합니다. 그러나 가즈오 회장은 사업의 성공을 이끄는 중요한 원칙은 '낙관적으로 사업을 시작하고, 비관적으로 섬세하게 계획을 세운 후, 계획한 바를 다시 낙관적으로 추진하는 것'이라고 말합니다.

전문가가 아니거나 배운 것이 부족하더라도 실망할 필요는 없습니다. 능력과 열의, 긍정적인 사고방식을 바탕으로 섬세한 계획을 세워 꾸준히 실행해 나가면 결국 원하는 삶을 살 수 있습니다.

나는 섬세한 계획을 세우고 낙관적으로 일을 추진한다.

040

지금 이 순간에 집중하라

『인생을 다시 시작할 수 있다면』

『인생을 다시 시작할 수 있다면』은 미국 중동부 산골에 살던 85세의 할머니 나딘 스테어Nadine Stair의 글을 옮긴 책으로, 이 글은 세계적인 베스트셀러 『내 영혼을 위한 닭고기 수프』에 소개되어 유명해졌습니다. 나딘 스테어는 유언처럼 다음과 같은 편지를 남겼습니다.

"내가 만약 인생을 다시 시작할 수 있다면, 과감한 실수를 더 많이 해보고 여유를 가지고 느긋하게 살 거야. 더 바보처럼 살 거야. 더 자유롭게 살 거야. 긴장하지 않고 경쾌하게, 이번 여행보다 더 철없이 굴면서 심각하게 생각하지 않을 거야. 좀 더 많은 기회를 만들고, 더 많은 여행을 할 거야. 좀 더 많은 산에 오르고, 더 많은 강에서 수영을 할 거야. 콩을 덜 먹고 아이스크림은 더 많이 먹을 거야…."

물론 우리는 미래를 준비하며 오늘 하루를 열심히 살아가야 합니다. 그러나 일상에서 누려야 할 기쁨을 놓치는 것은 그만큼 아쉬운 일이죠. 나 자신과 내 주변을 돌아보며, 지금 누려야 할 행복을 즐기는 시간도 아주 중요합니다. 오늘 하루가 후회로 남지 않도록, 자신이 어떤 선택을 할지 신중히 고민해 보세요. 먼 훗날 "인생을 다시 시작할 수 있다면"이라는 질문을 받았을 때, "지금처럼 살 거예요"라고 자랑스럽게 대답할 수 있도록 살아갑시다.

나는 여유를 가지고 자유롭게 살아간다.

$$\left(041\right)$$

높은 의식 수준을 가져라

『의식 혁명』

세계적인 영적 스승 데이비드 호킨스David Hawkins 박사는
『의식 혁명』에서 '의식의 밝기'에 대해 알려줍니다. 200룩스
의 밝기인 '용기'를 포함한 더 밝은 의식인 중립, 자발성, 포
용, 이성, 사랑, 기쁨, 평화, 깨달음의 의식 수준은 파워POWER
의식으로 분류됩니다. 200룩스 이하인 자존심, 분노, 욕망,
두려움, 슬픔, 무기력, 죄의식, 수치심은 포스FORCE 의식으로
분류되지요. 포스 의식은 편의상 블랙과 그레이로 나눠 설명
하겠습니다.

블랙에 속하는 사람들은 수치심, 죄의식, 무기력, 슬픔, 두

려움 등의 감정을 자주 경험합니다. 이들은 자신을 불쌍하게 여기며 "내가 이렇게 불쌍하니 나를 좀 봐줘!"라고 말합니다. 이런 상태에서는 돈의 흐름도 막히고, 얻은 돈도 쉽게 잃거나 잘못 투자하게 됩니다.

그레이에 속하는 사람들은 욕망, 분노, 자존심 등으로 자신을 이끌며 물질적 성취와 외적인 인정에 집착합니다. 그들은 "내가 이렇게 잘났으니 나를 좀 봐줘!"라고 말하며 타인의 인정과 외적인 성과에 몰두하지만 목표를 달성한 후에는 허무함과 무기력함을 느끼기 쉽습니다.

그러나 200룩스 이상의 파워 의식을 가진 사람들은 다릅니다. 이들은 어려운 상황에서도 평안을 유지하며, 타인에게 긍정적인 영향을 미칩니다. 이들은 다음과 같은 말을 주로 하며 사람들에게 힘과 긍정적인 에너지를 전달합니다.

"양쪽의 이야기를 다 들어볼까?"
"넌 잘할 수 있어. 뭘 하든 네가 최선을 다하면 된 거야."
"제가 해볼게요."
"그렇구나. 그럴 수도 있지."
"그 방식도 괜찮아. 뒷일은 내가 책임질게."
"우리 해결 방법을 같이 찾아보자."

"너 정말 잘한다."

"감사합니다. 사랑합니다."

의식 수준이 높아지면 삶은 자연스럽게 풍요로워지고, 더 많은 기회와 좋은 사람들을 끌어들입니다. 고통이나 스트레스도 적어지고, 회복력이 생기며 예수나 부처와 같은 성인들이 이룬 의식 상태에 가까워집니다.

포스 의식에 머무르지 말고 높은 의식 수준인 파워 의식에 점점 더 가까워져야 합니다. 의식이 높아질수록 자연스럽게 다양한 기회가 주어지며, 삶은 점차 풍성하고 행복하게 변화합니다. 의식을 한 단계씩 레벨업할 때마다 더 풍요롭고 의미 있는 삶을 경험할 수 있을 것입니다.

나의 의식은 날마다 확장된다.

042

긴급하지 않지만
중요한 일은 무엇인가

『성공하는 사람들의 7가지 습관』

세계적인 베스트셀러 작가이자 경영 전문가인 스티븐 코비Stephen Covey의 『성공하는 사람들의 7가지 습관』에서는 '시간 관리 매트릭스'라는 방법을 소개합니다. 이 방법은 해야 할 일을 네 가지로 나누어 우선순위를 정하는 방식입니다.

첫 번째로 우리가 가장 먼저 해야 할 일은 '중요하고 긴급한 일'입니다. 이 일은 즉시 처리해야 합니다.

다음은 '중요하지만 긴급하지 않은 일'입니다. 많은 사람이 시간이 없다며 미뤄두는 일이기도 합니다. 하지만 긴급하지 않더라도 중요한 일에 집중해야 합니다. 나를 점점 더 건강하게 만드는 취미나 습관, 인간관계를 구축하는 일이 여기에 속하지요. 앞으로의 흐름을 파악하고 대처할 방안을 생각하는 일도 여기에 포함됩니다. 제게는 장기적인 계획을 세우거나, 운동을 하거나, 콘텐츠 제작에 필요한 AI 사용법처럼 새로운 기술을 배우는 일입니다.

그런데 우리는 자주 '중요하지도 긴급하지도 않은 일'에 시간을 낭비합니다. 종일 멍하게 TV나 유튜브, 인스타그램을 보며 시간을 허비합니다. 내가 하지 않아도 되는 다른 사람 일에 지나치게 신경을 쓰기도 합니다. 이런 일은 가급적 줄여야 합니다.

마지막으로 '긴급하지만 중요하지 않은 일'은 다른 사람에게 맡기거나 아예 하지 않는 편이 좋습니다.

어떤 상황에 있든 긴급하지 않더라도 중요한 일을 먼저 생각해야 합니다. 내비게이션에 목적지를 설정하는 것처럼 가고자 하는 방향을 명확히 해야 합니다. 그리고 그 길을 가기 위한 계획을 세워야 합니다. 길이 험난할 수 있고, 도중에 예상치 못한 장애물이 있을 수도 있습니다. 그런 상황에 대비하지 않고 그때그때 해결하는 것보다는 미리 준비하고 예방하는 것이 훨씬 더 안전하고 효과적이지 않을까요?

성공하는 사람은 긴급하고 중요하지 않은 일, 긴급하지도 중요하지도 않은 일은 하지 않습니다. 위임하거나 아예 그 일을 없애버리죠. 삶에 성공을 초대한 당신도 마찬가지입니다. 중요하지만 긴급하지 않은 일, 즉 목표를 향한 길을 준비하는 데 시간을 투여하세요. 장애물을 피할 준비를 마치면 훨씬 더 빠르고 안전하게 목적지에 도착할 수 있습니다.

나는 앞을 내다보고 필요한 준비를 사전에 완료한다.

043

스마트폰과 함께
잠들지 마라

『슈퍼 휴먼』

보통 언제 쇼핑을 많이 할까요? 자기 전에 SNS를 보다가 예쁜 제품을 발견하면 장바구니에 담아놓고, 그러다 보면 결제까지 하게 되지는 않나요? 하지만 이런 행동은 건강까지 갉아먹습니다.

방탄커피 창시자로 잘 알려진 데이브 아스프리Dave Asprey 는 『슈퍼 휴먼』을 통해 수면의 중요성을 일깨웁니다. 수면의 질이 나쁘면 네 가지 살인자를 만나게 된다고 경고하는데요. 바로 심장질환, 당뇨, 알츠하이머 그리고 암입니다.

아스프리는 하루만 잠을 자지 않아도 뇌를 청소하는 청

소부들이 제대로 활동하지 못해서 뇌에 단백질이 쌓이게 된다고 말합니다. 특히 수면 부족은 알츠하이머에 치명적인데, 제대로 자지 못하면 뇌에 '쓰레기'로 불리는 아밀로이드 단백질이 쌓여 결국 치명적인 결과를 초래할 수 있습니다.

수면 부족은 또한 무의미한 소비를 하게 만들고, 심각한 질병으로 이어집니다. 노화는 세포의 상해로 발생합니다. 수면은 바로 이 상해를 회복하는 시간이지요. 회복해야 할 상해가 많을수록 수면 시간이 길어져야 합니다. 만약 오랜 시간을 자도 여전히 피곤하다면 노화가 빠르게 진행되고 있다는 신호일 수 있습니다.

그런데도 밤에 잠들지 못하고 스마트폰으로 뭘 살까 구경하게 되나요? 데이브 아스프리는 이럴 때 전구를 바꿔보기를 권합니다. 커피보다 더 수면에 치명적인 것이 밝은 청색광 혹은 백색광입니다. 청색광은 잠을 잘 시간이라고 알려주는 호르몬인 멜라토닌 분비를 억제하여, 몸이 낮이 계속되고 있다고 착각하게 만듭니다. 그러므로 밤에는 밝은 LED나 형광등을 피하고, 황색빛이나 붉은색 전구를 사용하는 것이 좋습니다.

당신이 아무리 많은 영양제와 보양식을 먹어도 질 좋은 수면을 취하지 않는다면 건강을 망치게 됩니다. 마음뿐만 아니라 몸도 돈의 그릇을 만드는 재료입니다. 몸이 건강하고 편안할 때 좋은 생각이 떠오르고 더 생산적인 삶을 살 수 있습니다. 오늘은 꼭 푹 자고 내일을 준비하세요.

나는 잠을 통해 충분히 쉬며 최상의 상태로 회복된다.

044

당장의 즐거움보다
더 큰 즐거움을 기다려라

『새로 옮긴 시경』

고대 중국의 시가를 담은 『시경詩經』에는 "행백리자 반어
구십行百里者 半於九十"이라는 말이 등장합니다. '100리를 가는
사람은 90리를 반으로 생각한다'라는 뜻으로, 목표를 향해
나아갈 때 처음 90리와 마지막 10리가 맞먹는다는 의미입니
다. 마무리에 그만큼 많은 에너지가 필요하다는 이야기죠.

'마무리'는 무엇일까요? 저는 사소한 일에 눈을 돌리지 않
는 것이 마무리라고 생각합니다. 『절제의 성공학』에서는 자
신의 꿈과 목표에 집중하지 않고 사소한 일에 신경을 쓰면
실패한다고 말합니다. 즉 당장의 즐거움을 잠시 포기하고 더

큰 즐거움을 위해 집중해야 한다는 뜻입니다.

"돈을 모으고 있지만 가끔 기분 전환을 위해 무언가를 산다"라거나 "시험 공부 중인데 적당히 놀면서 기분을 환기시킨다"라고 말하는 사람들을 종종 봅니다. 하지만 목표를 이루기도 전에 사소한 것을 즐기는 습관부터 만들면 목표는 다시 도망갑니다. 그러면 후회만 남게 됩니다. 오랜 노력 끝에 90리를 달려왔더라도, 마지막 10리를 가지 못하면 아무런 의미가 없듯이 말입니다. 진정 성공을 원하는 사람은 끝까지 집중하며, 사소한 일에 눈을 돌리지 않습니다. 꿈을 이루기 전까지는 늘 한 걸음이라도 더 나아가기 위해 노력하지요.

당신은 벌써 90리를 왔습니다. 나머지 10리를 향해 나아가기 위해선 더 큰 집중이 필요합니다. 남은 10리가 또 다른 반이라고 생각하고, 그 마지막 여정에 끝까지 최선을 다하세요. 그럼 진정으로 원하는 목표에 다다를 수 있을 것입니다.

나는 끝까지 완주하여 목표를 이뤄냈다.

045

성실하고 근면하게
긍정적일 것

『크런치 포인트』

브라이언 트레이시Brian Tracy는 저서 『크런치 포인트』를 통해 성실과 근면의 중요성을 강조합니다. 위대한 일들은 힘이 아니라 인내로 이루어지며, 성실과 근면으로 해낼 수 없는 일은 얼마 없다고 하지요.

이는 '생각'에도 적용됩니다. 우리는 좋은 생각, 긍정적인 마음가짐을 '성실하고 근면하게' 해야 합니다. 그래야 돈의 그릇도 넓어집니다. 좋은 책, 내 생각을 정리하는 글쓰기, 운동, 건강한 취미 활동, 문화생활 등을 꾸준히 해나가야 하는 것도 바로 그런 이유입니다. 성공하는 사람은 이런 활동으로 몸과 마음을 꾸준히 단련하고 자신의 안에서 감사를 찾고 의식을 높입니다.

쉬워 보이지만 실제로는 쉽지 않은 일입니다. 특히 주변에 이를 방해하는 사람이 있다면 더욱 그렇습니다. 트레이시는 멀쩡한 사과 옆에 썩은 사과를 두지 말라고 말합니다. "할 수 있어"와 "잘할 거야"라고 말하는 사람으로 주변을 채워야 합니다. 만약 그런 사람이 없다면 혼자만의 시간을 가지세요. 책을 읽거나 성공한 사람들의 이야기를 담은 영상을 보며 그들의 에너지에 익숙해지세요.

매일 독서하고, 운동하고, 생각을 정리하며 더 나은 삶을 위한 계획을 세우세요. 이런 작은 변화들이 큰 차이를 만듭니다. 칫솔질처럼 사소하고 반복적인 일이지만, 꾸준히 하는 사람과 하지 않는 사람은 결국 다른 결과를 만납니다. 위대한 이들 역시 평범한 일상에 충실했음을 명심하세요. 작고 반복적인 일상이 큰 변화를 만들어갑니다.

내 마음은 나를 적극적으로 돕는 친구다.

046

길게 보라, 미래를 살아라

『지치지 않는 힘』

행동심리학자인 이민규 교수는 저서 『지치지 않는 힘』에서 하버드대학교의 사회학자 에드워드 벤필드Edward Banfield 교수의 주장을 소개합니다. 벤필드 교수는 사회적으로 최상층에 이른 사람일수록 미래를 널리 내다본다고 말합니다. 미래의 관점으로 현재를 살아갈 때, 행복하고 성공적인 삶을 살 수 있다는 것이지요.

영국의 역사학자인 아널드 토인비Arnold Toynbee 또한 비슷한 맥락의 주장을 했습니다. 토인비는 역사를 바꾸는 데 성공한 '창조적 소수'는 자신의 과거 성공 경험을 맹신하고 그

것에 안주해 결국 실패하게 된다고 경고합니다. 미래학자 앨빈 토플러Alvin Toffler도 과거의 성공을 가장 위험한 요소로 받아들여야 한다고 말했죠.

이러한 이유로 쇠락의 길을 걸은 기업들도 많습니다. 대표적으로 코닥이 있습니다. 코닥은 필름 카메라가 영원하리라고 믿고, 디지털 카메라의 혁신적 유행에 제대로 대응하지 못했습니다. 이 선택은 결국 코닥을 위기에 빠뜨렸습니다.

과거의 성공은 분명 중요한 자산입니다. 성공의 경험은 미래로 나아갈 때 더 안전한 방향을 제시해 주기 때문입니다. 하지만 우리의 목적은 변화무쌍한 미래에서도 성공을 거두는 것임을 잊지 말아야 합니다. 한 사업가에게 성공의 비결을 물어보았더니 그는 이렇게 대답했습니다.

"길게 봤어요. 10년 뒤 내 사업이 어떻게 될지 상상하며 일을 하니 일이 잘 풀렸어요."

이 문장을 개인에 적용하면 다음과 같습니다.

"10년 뒤 내 삶이 어떻게 될지 상상하니까 일이 잘 풀렸어요."

스티브 잡스, 일론 머스크, 토머스 에디슨 등 많은 성공한 인물들은 항상 10년 후의 미래를 내다보며 비전을 세우고, 그 비전을 이루기 위해 끊임없이 노력했습니다. 지금도 성공을 향해 달리는 누군가는 현재와는 전혀 다른 미래에 대해 계속해서 생각하고 준비하고 있습니다. '과거에는 이랬는데'라는 생각을 버리세요. 상상 속의 미래를 바탕으로 현재를 새롭게 만들어가세요. 미래를 상상하고 준비하는 사람만이 그 미래를 현실로 만들 수 있습니다.

나는 미래의 관점에서 현재를 선택하고 행동한다.

047

5년 후를 그려보라

『웰씽킹』

글로벌 기업 켈리델리의 켈리 최 회장은 『웰씽킹』에서 '청사진 시각화'를 권합니다. 청사진 시각화는 중장기(5~10년)의 꿈을 이루었을 때 가장 원하는 한 장면을 사진처럼 떠올리는 것입니다. 눈을 감고 5년 후 가장 성공한 당신의 모습을 그린 후, 그 순간에 누구와 함께 있는지, 무엇을 하고 있는지, 어떤 감정을 느끼는지 상상해 보세요.

저는 이 시각화 방법을 직업적 성공뿐만 아니라 관계나 습관을 개선하는 데에도 활용합니다. 예를 들어 분노와 복수심이 생기는 나쁜 인연이 있을 때는 눈을 감고 5년 후 그와의 관계를 그려봅니다. 관계를 끊거나 더는 그를 신경 쓰지 않는다면 5년 후의 삶은 얼마나 평화로울까요? 운동이나 공부 같은 좋은 습관을 실천하기 힘들 때도 5년 후 내가 얼마나 건강해졌고, 어떤 성취를 이루는지 구체적으로 상상하면서 동기를 얻습니다.

감정을 해소하는 데도 유효한 방법입니다. 잊히지 않는 부정적인 감정이나 기억이 있을 때도 그 감정을 극복한 5년 후의 평화로운 모습을 상상해 보세요.

5년 후를 그리면 현재의 내가 해야 할 일이 명확해지고, 시선을 멀리 두는 만큼 나는 더욱 성장하게 됩니다. 다음은 시각화를 실행할 수 있는 질문입니다.

1. 5년 후 내가 가장 성공한 모습은 어떤 모습일까요? 그 순간을 구체적으로 상상해 보세요. 누구와 함께 있고, 무엇을 하고 있으며, 어떤 감정을 느끼나요?

2. 현재의 나에게 불필요한 부정적인 감정이 있다면 그 감정을 극복한 5년 후는 어떨지 상상해 보세요. 감정을 해소한다면 내 삶은 어떻게 변할까요?

3. 내가 이루고 싶은 좋은 습관(운동, 공부 등)을 꾸준히 실천한다면 5년 후에는 어떤 모습일지 상상해 보세요. 이를 위

해 지금 당장 무엇을 해야 할까요?

　5년 후, 10년 후의 당신을 만나보았나요? 행복해 보이던
가요? 그 모습이 당신의 미래입니다. 그 미래는 지금 당신이
어떤 선택을 하고 어떻게 행동하느냐에 달려 있습니다.
　오늘의 작은 결심이 내일의 큰 변화를 만듭니다. 한 걸음
씩 나아가세요. 변화는 바로 당신 안에 있습니다. 당신의 미
래를 디자인할 수 있는 힘은 지금 이 순간에 있습니다. 그 힘
을 믿고 매일 조금씩 나아가세요. 미래는 당신의 손에 달려
있습니다.

나는 시선을 멀리 두며 평화를 얻는다.

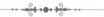

048

미안해요, 용서하세요, 감사해요, 사랑해요

『호오포노포노의 비밀』

책 『호오포노포노의 비밀』에서는 모든 일이 내 안에서 시작되므로 늘 내면을 먼저 살펴보아야 한다고 말합니다. '호오포노포노'는 고통스러운 기억이 불균형을 초래한다고 믿었던 고대 하와이인들의 '기억 정화 요법'입니다. 내 삶의 모든 문제는 내가 책임져야 하고, 해결하려면 내면을 돌봐야한다는 메시지를 담고 있습니다.

이 책의 저자인 이하레아카라 휴 렌Ihaleakala Hew Len 박사는 하와이의 정신병원에서 발달장애 아동과 정신질환자들을 돕고자 했으나 효과가 없음을 깨닫고 호오포노포노를 받아들였다고 합니다. 그는 전통적인 치료법의 한계를 느끼고 내면 치유에 집중하기 시작했습니다.

휴 렌 박사는 매일 "미안합니다. 용서하세요. 감사합니다. 사랑합니다"라는 기도문을 반복하며 내면을 정화하고, 환자들과의 관계에서 발생한 부정적인 에너지를 치유했습니다. 이 방법으로 성격이 바뀐 환자가 생겼고, 다른 환자들도 점차 평화로운 상태가 되기 시작했습니다. 호오포노포노의 강력한 치유 효과를 실증적으로 보여준 것이지요.

저는 호오포노포노를 발전시킨 치유자 모르나 날라마크 시메오나Morrnah Nalamaku Simeona의 기도문을 변형하여 사용합니다. "신성한 창조주여, 나와 내 가족, 나와 연관된 조상들이 당신에게 상처를 주었으면 용서를 청합니다. 내 안의 어두운 기억과 장애물을 정화하고, 내 안에 밝은 빛을 초대합니다."

불안이나 두려움이 떠오를 때 호오포노포노의 기도를 통해 내면을 정화하면 마음이 편안해지고, 긍정적인 에너지를 초대하는 데 큰 도움이 됩니다.

좋은 운이나 돈이 들어오더라도 감정이 가로막으면 변화를 이루기 어렵습니다. 하지만 부정적인 감정을 정화하고 내면의 빛을 되찾는다면 더 큰 행복과 풍요가 자연스럽게 따라

올 것입니다.

우리는 본래 완전하고 완벽한 존재로 태어났습니다. 하지만 살아가면서 겪는 고통과 상처가 우리의 빛을 가리곤 합니다. 부정적인 경험과 감정이 우리의 본래 모습을 흐리게 만들고, 이 때문에 두려움과 불안이 생깁니다. 그러나 빛은 결코 사라지지 않습니다. 그 빛은 언제나 당신 안에 존재하며, 내면의 상처를 치유하고 본래의 모습을 되찾으면 다시 밝아지기시작합니다.

우리의 진정한 힘은 어둠과 싸워 이기는 데 있지 않습니다. 어둠을 받아들이고 포용하는 데 있습니다. 내면의 상처를 치유하고 본래의 빛을 되찾을 때, 우리는 세상의 어둠 속에서도 평온을 유지하며 그 빛을 세상과 나누게 됩니다. 그리고 그 빛은 이미 당신 안에 있습니다.

내 안에 밝은 빛을 초대한다.

(049)

나를 지키며 타인을 돕는다

『기브 앤 테이크』

"내 코가 석 자인데 누굴 도와줘.""착한 사람은 성공 못해." 이런 말을 한 적도, 들은 적도 있을 겁니다.『기브 앤 테이크』는 바로 이런 고정관념을 깨는 책입니다.

저자인 조직심리학자 애덤 그랜트Adam Grant는 세상에는 세 종류의 사람이 있다고 말합니다. 바로 기버giver, 테이커taker, 매처matcher입니다. 기버는 남을 먼저 생각하고, 테이커는 더 많이 받으려 하며, 매처는 받는 만큼 주려고 한다는 특징을 가지고 있습니다.

기버는 겉보기엔 착하지만 실속은 없는 사람처럼 보일 수 있습니다. 하지만 특이하게도 피라미드 양극단에 분포합니다. '모 아니면 도'의 성향인 거죠. 가장 낮은 성과를 내기도 하지만, 시간이 흘러 최고의 성과를 내기도 합니다. 반면 테이커나 매처는 피라미드 중간에 위치해 큰 성공을 이루지 못합니다. 왜 이런 차이가 생길까요?

그랜트는 기버의 성공은 다른 양상을 보인다고 말합니다. 테이커가 승리할 때는 반드시 패자가 존재하고, 사람들은 테이커를 질투하며 그를 끌어내리려 합니다. 반면 기버의 성공은 주변 사람에게 동기부여가 됩니다. 주변 사람은 남을 항상 생각하는 기버를 응원하고 함께 성공하길 바랍니다. 이 차이가 바로 성공의 크기를 결정합니다.

어떻게 해야 성공하는 기버가 될 수 있을까요? 피라미드의 최하단에 위치한 기버도 있다고 했습니다. 그 차이는 바로 '이기심'에 있습니다. 자신을 돌보지 않는 기버는 가장 가난합니다. 동료의 일을 대신 해주느라 자신의 일은 미루고, 자신의 이익을 돌보지 않으니 성공하기 어렵지요. 성공하는 기버는 자신을 지키며 남을 돕습니다. 남들을 돕지만 동시에 자신의 이익 또한 포기하지 않습니다.

'나무를 심은 사람은 그늘을 누린다'라는 말처럼 성공적인 기버는 남을 돕는 동시에 자신도 성장하며, 결국 더 큰 축복을 받습니다. 저는 당신이 먼저 자신을 돌보고 사랑하는 사람이 되기를 바랍니다. 그러다 보면 당신과 당신이 사랑하는 사람의 삶에 언제나 시원한 그늘이 준비될 것입니다.

나는 나를 지키며 남을 돕는 성공한 기버다.

050

당신이 변해야 모든 것이 변한다

『성공은 당신 것』

고급 음식, 멋진 환경, 비싼 차, 모피 옷, 보석, 높은 인지도 등이 없으면 기가 죽고 살맛이 나지 않는다고 말하는 사람이 있습니다. 하지만 이런 사람들은 성공을 해도 아무것도 남기지 못합니다. 주변 사람이 모두 떠나고 결국 공허함만 남게 되지요.

부와 명성을 바라는 이들이 세상에 넘쳐흐르지만 사실 진짜 성공은 그런 것이 아닙니다. 데이비드 호킨스 박사는 그의 저서 『성공은 당신 것』에서 성공이란 무엇을 쟁취하거나 외부에서 얻는 것이 아니라 이미 우리 내면에 존재한다고 말합니다. 그럼 진정한 성공은 무엇일까요?

호킨스 박사는 "성공한 사람이 되려면 얼마나 많은 시간이 필요한가요?"라는 질문에 "1초"라고 답했습니다. 즉 '나는 어떤 태도로 존재할 것인가'를 결정하는 순간 이미 성공을 거둔 것과 같다는 의미입니다.

성공은 외부에서 얻는 것이 아니라 내면에서 시작됩니다. 부자가 되는 것이 중요한 것이 아니라 '부를 쌓을 수밖에 없는 사람'으로 변하는 것이 중요합니다. 짐 론Jim Rohn은 "당신이 변하면 그 모든 것이 변한다"라고 했습니다. 내면의 변화는 삶을 완전히 다른 방향으로 이끌 수 있으며, 아주 작은 변화만으로도 전혀 다른 결과를 얻을 수 있습니다.

그렇다면 어떻게 내면을 변화시킬 수 있을까요?

한 사람이 숲속을 걷다 아름다운 사슴을 발견합니다. 순간적으로 '저 사슴을 잡으면 집안에서 인정받을 수 있을 것'이라는 욕망이 생깁니다. 그러나 그 욕망을 내려놓고 '이 사슴은 자연의 일부이며 소중한 존재'라며 그 존재를 존중합니다. 이 선택이 그 사람의 내면을 변화시켰고, 바로 그 순간이 그의 미래를 결정하는 첫걸음이 되었습니다.

이처럼 내면의 변화는 우리의 삶에 큰 영향을 미칩니다. 사소한 선택과 생각의 전환이 큰 변화를 이끌어낼 수 있죠.

항해 중 나침반이 1도만 틀어져도 몇 달 후에는 완전히 다른 곳에 도달하듯이, 내면의 변화는 우리의 삶을 완전히 다른 방향으로 이끌 수 있습니다.

"당신은 지금 어떤 사람인가요? 앞으로 어떤 사람으로 변하고 싶나요?" 이 질문에 답하는 것이 시작입니다. 지금 이 순간 마음을 바꾸면, 그 변화가 당신의 삶을 새로운 방향으로 이끌 것입니다.

나는 넘치는 풍요로 존재한다.

051

타인에게 종속되지 않는 삶

『레버리지』

영국에서 가장 빠른 속도로 자수성가한 30대 백만장자 롭 무어Rob Moore는 성공하기 전 다양한 일을 시도했지만 파산해 큰 빚을 지게 되었습니다. 하지만 3년 만에 완전한 경제적 자유를 이루었죠. 어떻게 이런 일이 가능했을까요?

그 비밀은 무어가 '레버리지leverage'라는 개념을 이해하고 이를 자신의 삶에 적용한 데 있었습니다. 타인의 시간, 재능, 노력 등을 돈으로 바꾸는 방법을 깨달은 무어는 더 가치 있는 일에 시간을 투자하면서 자신의 계획대로 살아갈 수 있었지요.

무어가 말하는 성공의 핵심은 '타인의 삶에 나를 끼워 넣지 않는 것'입니다. 성공을 위해 타인의 삶에 조력하는 것이 아니라, 나 자신이 부와 성공을 창출하는 존재가 되는 것입니다. 그는 타인에게 종속된 상태에서 타인을 통해 레버리지를 활용하는 것은 불가능하다는 사실을 깨달았습니다.

무어는 정보 마케팅을 예로 들며 우리 모두는 자신만의 재능, 기술, 전문 지식을 가지고 있고, 특정 분야에서 남들보다 뛰어난 능력을 가질 수 있다고 말합니다. 그 분야에서 사람들이 겪고 있는 어려움을 해결해 주며 그 대가로 보상을 받는 것이 바로 레버리지를 활용하는 방법입니다.

그는 자신의 책 『레버리지』를 통해 이렇게 말합니다. "모든 사람은 내면에 책 한 권을 가지고 있지만, 대부분 그 책을 발견하지 못한다." 그러면서 자신의 지식과 정보를 세상에 꺼내어 더 많은 사람에게 기여하고 대가를 받을 수 있다고 강조하지요.

자신의 존재 가치를 깨닫고, 자신이 가진 능력과 정보를 정확히 파악해야 합니다. 데이비드 호킨스 박사의 말처럼 부의 원천은 '내가 하는 일doing'이 아니라 '나의 존재being'에 있기 때문입니다.

자신의 가치를 발견하고 그것을 세상과 나누는 순간, 당신은 성공의 주체가 됩니다. 타인에게 종속되지 말고 타인과 협력하며 레버리지하는 삶을 살아가세요. 협력을 통해 당신의 가능성을 넓히세요. 함께 이루는 성취가 당신의 성공을 더욱 풍성하게 만들어줄 것입니다.

나는 타인과의 협력을 통해 더 큰 성장을 이룬다.
온 세상이 나의 성공을 응원하고 있다.

052

전문성을 가져라

『 마케팅 불변의 법칙 』

선택권이 많을수록 고객의 진짜 선택권은 줄어든다는 사실을 아시나요? 선택지가 많을 때 고객은 결정을 내리기 어려워하고 혼란스러워합니다. 이 때문에 선택을 미루거나 아예 하지 않기도 합니다. 이런 혼란은 수익 감소로 이어질 수 있습니다. 그래서 성공하고 싶다면 고객의 마음속 한 지점을 정확히 겨냥해야 합니다.

마케팅 분야의 고전인 『마케팅 불변의 법칙』에는 '모든 분야에서 약해지는 것보다 특정한 분야에서 강해지는 쪽을 택한다'라는 중요한 원칙이 등장합니다. 이 원칙은 마케팅뿐만 아니라 인생에서도 중요한 교훈을 줍니다.

예를 들어 한 식당이 50가지 음식을 팔고 있다면 '다 비슷 비슷한 맛일 것 같다'라는 인상을 받을 수 있습니다. 그러나 돈가스 전문점, 만두 전문점에 가면 '전문점이니 잘하겠지'라는 믿음을 가지게 됩니다.

모든 것을 다 잘하는 사람은 없습니다. 다 잘한다고 해도 그렇게 믿어주는 사람이 없지요. 반면 '이 분야의 전문가는 이 사람이다'라고 인식되는 사람은 더욱 돋보입니다. '전문성'은 신뢰를 주고 더 많은 기회를 창출하는 열쇠입니다.

'나는 어떤 분야의 전문가인가? 어떤 일을 잘하고, 어떤 상황에서 강한가?'라는 질문을 스스로 던져보는 것이 중요합니다. 자신이 잘하는 일을 파악하고, 그 일에 집중하세요. 그러면 더 큰 성공을 이룰 수 있습니다. 전문성을 인정받는 순간 자신만의 경쟁력으로 더 많은 기회를 쥐게 됩니다.

나는 내 전문 분야에서 빛나는 존재다.

053

피터 드러커의 다섯 가지 질문

『매니지먼트』

피터 드러커Peter F. Drucker는 『매니지먼트』에서 경영자에게 중요한 다섯 가지 질문을 제시했습니다.

1. 우리의 사명은 무엇인가?

2. 누가 우리의 고객인가?

3. 고객이 높게 평가하는 것은 무엇인가?

4. 우리가 원하는 결과는 무엇인가?

5. 우리는 어떻게 목표에 도달할 것인가?

이 질문들은 비즈니스를 넘어 인생을 어떻게 살아갈 것인가에 대해서도 깊게 고민하게 합니다.

당신의 사명은 무엇인가요? 당신의 가치를 알아보고, 그 가치를 인정해 줄 사람은 누구인가요? 그들이 중요하게 여기는 것은 무엇이며, 당신이 중요하게 여기는 것은 무엇인가요? 그것을 어떻게 만들어갈 수 있을까요?

이 다섯 가지 질문을 통해 삶에서 당신의 목표를 명확히 하고, 그 목표를 향해 나아가는 방법을 탐구해 보세요. 그 과정에서 될 수 있는 최고의 나를 만날 것입니다.

나는 명확한 목표를 설정하고 꾸준히 이루어가고 있다.

054

죽 한 그릇에 미래를 팔지 마라

『돈의 공식』

미국의 저널리스트 윌리엄 그린William Green은 세계 최고의
투자자 40인을 인터뷰한 책 『돈의 공식』에서 『창세기』의 대
비되는 두 인물의 이야기를 소개합니다.

쌍둥이 형 '에서'는 값싼 죽 한 그릇을 얻는 대가로 자신
의 장자권을 동생 '야곱'에게 팔아버립니다. 반면 야곱의 아
들 '요셉'은 7년의 풍년 동안 많은 곡식을 모은 덕에 7년의
흉년 동안 애굽(이집트)을 구하는 중요한 역할을 합니다.

에서와 요셉, 이 두 사람의 선택은 지금도 우리에게 중요
한 교훈을 줍니다. 당장의 만족을 위해 눈앞의 유혹에 손을

대는 것과 더 큰 결실을 위해 시간을 들여 미래를 준비하는 것. 당신은 어떤 선택을 하는 사람인가요? 가까운 만족에 손을 뻗고 당장의 즐거움을 추구하는 사람인가요, 더 멀리 보며 장기적인 목표를 세우고 성실히 준비하는 사람인가요?

책에 등장하는 투자자 '슬립'과 '자카리아'는 장기적인 관점으로 성공을 거둔 사람들입니다. 그들은 당장의 성과보다는 지속 가능한 성장에 집중했습니다. 질 좋은 소수의 기업에 투자한 덕분에 시간이 흐른 뒤 엄청난 수익을 창출할 수 있었지요. 그들의 성공은 즉각적으로 싹이 나지 않더라도 크고 안정적인 열매를 맺을 씨앗을 심었기에 가능했습니다.

'죽 한 그릇'에 마음을 빼앗기지 말고 미래의 더 큰 가능성과 성과에 집중해야 합니다. 헐값에 자신을 팔지 말고 진정한 가치를 쌓아가는 일에 집중하세요. 당신의 미래는 헐값에 팔아넘기기엔 너무 값지고 크기 때문입니다.

나는 긴 시간 동안 꾸준히 성공을 이루어가고 있다.

055

두려움과 함께 살아가라

『내가 확실히 아는 것들』

세계적인 방송인이자 베스트셀러 작가인 오프라 윈프리는 『내가 확실히 아는 것들』에서 "두려워하는 것에는 힘이 없고, 두려움 그 자체에 힘이 있다"라고 말합니다.

내가 두려워하는 대상은 내 삶을 망칠 수 없지만, 두려움에 휘둘린 나는 삶을 망칠 수 있습니다. 부자가 되는 사람은 손실에 대한 두려움을 극복하고 투자하지만, 빈자는 그 두려움 때문에 투자를 멈춥니다. 이 차이를 기억해야 합니다.

저는 "두려움과 함께 살라"라고 말하고 싶습니다. 돈과 시간, 에너지를 투자한 후 잃을지 모른다는 두려움에 휩쓸리지 마세요. 두려움과 함께 헤쳐 나가는 법을 배우면 더 멀리 갈 수 있습니다.

세계적인 동기부여 강사 토니 로빈스Tony Robbins는 세미나 도중 불안과 공포로 정신착란을 일으킨 참석자의 외침을 들었습니다. "머릿속이 까매지고 있어!" 그러자 토니 로빈스는 말했습니다. "하얗게 칠하세요." 그 말을 들은 참석자는 점차 진정되었고, 위험한 상황은 해결되었습니다.

우리는 계속 두려움과 마주할 것입니다. 그렇다면 두려움과 함께 사는 법을 배워야 합니다. 두려움이 너무 커서 시야가 흐려지면 할 일은 하나입니다. 그 순간 두려움을 넘어서는 것입니다. 두려움은 지나가는 구름에 불과합니다. 구름을 두려워하지 마세요. 고요하게 구름을 바라볼 때, 그 뒤에는 항상 푸른 하늘이 있다는 걸 기억하세요. 시간이 지나면 구름 뒤 빛나는 태양을 만나게 될 것입니다.

내면의 평화가 나의 길을 이끈다.

056

빠르게 승진하는 습관

『백만불짜리 습관』

수많은 사람들을 억대 연봉으로 만든 세계적인 비즈니스 컨설턴트 브라이언 트레이시는 그의 책 『백만불짜리 습관』에서 빠르게 승진하는 두 가지 습관을 소개합니다.

첫 번째 습관은 출퇴근 전후 30분씩 더 일하는 것입니다. 왜 남들보다 더 일해야 할까요? 장기적으로 생산성을 높이고, 나를 더 높이 평가하게 만들기 때문입니다. 이 작은 습관이 누적되면 승진이나 기회를 얻는 데 큰 영향을 미칩니다.

두 번째 습관은 더 많은 책임을 요구하는 습관입니다. 단순히 보수를 요구하는 것에 그치지 않고 더 큰 책임을 맡으려는 자세가 중요합니다. 중요한 일을 먼저 맡고, 문제를 해결하는 사람이 되어야 합니다. '나는 직원일 뿐이다'라는 생각에서 벗어나 주인의식을 가지고 행동하세요. 그에 맞는 보상을 받고 결국 더 높은 위치로 올라갈 수 있습니다.

이 두 가지 습관이 강조하는 것은 '주인의식'입니다. 일이든 삶이든 모든 상황에서 책임을 지겠다고 결심하세요. 일을 시작하는 순간부터 완수하는 순간까지 끝까지 집중하세요. 매일 당신이 하는 작은 선택이 모여 당신을 성공할 수밖에 없는 사람으로 만듭니다.

나는 더 많은 책임을 맡고, 더 큰 성장을 이룬다.

057

완벽하지 않아도 된다

『장사의 신』

어떤 식당에 가고 싶으신가요? 맛은 있지만 불친절해서 먹고 나면 기분이 상하는 식당일까요, 조금 어수룩하지만 직원들의 친절함과 따뜻한 분위기로 매번 웃으며 떠나는 식당일까요? 아마도 후자일 것입니다.

일본 요식업계의 전설인 오노 다카시는 그의 책 『장사의 신』에서 중요한 것은 바로 '즐거움'이라고 말합니다. 장사를 하는 사람도 즐겁고, 손님도 즐겁게 만드는 가게야말로 진정 강한 가게라는 것이죠.

당신이 만약 식당을 운영한다면 단순히 일을 잘하는 것보다 그 일이 재미있고 즐거워야 합니다. 손님이 기뻐하면 더욱 즐거워지고, 그 즐거운 마음이 선순환을 만들어냅니다. 그런 마음가짐으로 운영하는 가게는 자연스럽게 손님이 늘어나 성공할 수밖에 없죠.

다카시는 인적이 드문 외진 곳에 가게를 열어도 성공할수 있다고 말합니다. 개성이 있고, 음식에 스토리가 담겨 있다면 고객은 반드시 그곳을 찾아가기 때문입니다. 또한 다카시는 요리를 잘하지 못해도 인기 메뉴를 만들 수 있으며, 오히려 중요한 것은 아이디어와 스토리라는 점을 강조합니다.

무작정 잘한다고 해서 성공하는 게 아닙니다. 내가 즐거워하는 일, 나만의 개성과 스토리를 담은 일이야말로 진정한성공으로 이어집니다. 대단한 배움이 있거나 권위자가 아니어도 색다른 아이디어와 진심을 담은 일이라면 좋은 결과를얻을 수 있습니다. 당신도 자신의 고유한 이야기를 만들어가며 그 길에서 행복을 찾기 바랍니다.

나는 나만의 개성과 방식으로 성공을 창조하고 있다.

058

문을 열고 피드백을 받아들여라

『유혹하는 글쓰기』

『유혹하는 글쓰기』에서 스티븐 킹은 말합니다. "글을 쓸 때는 문을 닫고, 글을 고칠 때는 문을 열어놓아라."

글을 쓰며 처음 아이디어나 생각을 풀어낼 때는 자신의 생각을 온전히 담아야 합니다. 그러나 글이 완성되고 나면 그 아이디어가 다른 사람들에게 어떻게 받아들여질지 고려할 필요가 있습니다. 글을 쓸 때는 문을 닫고 고칠 때는 문을 열어야 하는 이유는 바로 이 때문입니다. 독창적인 아이디어가 있어도 발전시키기 위해서는 혼자만의 생각에 갇히지 말고 주변의 피드백을 받아들여야 합니다.

당신은 어떤 아이디어를 가지고 있나요? 처음에는 문을 닫고 생각을 마음껏 펼쳐보세요. 구체화한 후에는 반드시 다른 사람들의 목소리를 들어야 합니다. 피드백을 통해 아이디어를 더욱 발전시키고, 세상에 선보일 준비를 해야 합니다. 글쓰기뿐만 아니라 진로를 바꾸거나 중요한 결정을 내릴 때도 마찬가지입니다. 나의 아이디어와 결정을 고집하기보다는 더 많은 사람의 의견을 듣고 이를 토대로 나아갈 때 큰 성공으로 이어집니다.

아이디어는 나만의 세상에서 시작되지만 성공은 세상과의 소통에서 옵니다. 당신의 생각을 세상과 나누고, 피드백을 통해 더 나은 방향으로 발전시켜 나가세요. 그러면 진정한 성장을 이룰 수 있을 것입니다.

**나는 내 아이디어를 세상과 나누며
끊임없이 성장하고 있다.**

059

내가 생각하는 나의 가치는 얼마인가

『평생 돈에 구애받지 않는 법』

상상해 보세요. 당신이 병에 걸려 아무것도 할 수 없는 상황이라면 어떨까요? 돈도 벌지 못하고, 사회에 아무런 기여도 할 수 없습니다. 그런 상황에서 당신은 매달 얼마만큼의 돈을 받아야 할까요? '아무것도 못 하는데 무슨 돈을 받아?' 라고 생각할지 모릅니다.

많은 사람이 자신의 가치를 '성과급'으로 측정합니다. 성과를 내야만 보상을 받을 수 있다고 생각하는 것이죠. 자신을 본질적으로 가치가 낮은 존재로 여겨 끊임없이 노력하고 성과를 내기 위해 애씁니다. 하지만 이런 방식으로는 지속적인 수입을 얻기 어렵습니다.

하지만 이러한 상황에서도 나의 가치를 인정해야 합니다. 책 『평생 돈에 구애받지 않는 법』에서는 '존재급'이라는 개념을 강조합니다. 존재급은 '내가 인정하는 나의 가치'를 의미합니다. 아무것도 하지 못하고 가진 것도 없으며 그래서 스스로 쓸모없는 사람이라고 생각할 수 있지만, 나의 본질적 가치는 변하지 않습니다. 빌 게이츠나 워런 버핏이 같은 질문을 받는다면 그들은 당연히 엄청난 돈이 매달 꾸준히 입금되리라 기대할 겁니다. 자신을 성과급으로 측정하지 않기 때문입니다.

수입은 스스로 인정하는 가치에 비례합니다. 나의 가치를 인정하고 높게 평가할 때 그만큼의 보상이 뒤따릅니다. 이제부터는 '나는 충분히 받을 자격이 있는 사람이다'라고 의식적으로 생각하고, 그 가치를 확신하세요. 그 확신만큼 돈의 그릇이 커지고 더 큰 성공을 이루어갈 수 있습니다.

나는 충분히 받을 자격이 있는 사람이다.

060

성격이 아니라 패턴을 바꾸어라

『인간 본성의 법칙』

로버트 그린Robert Greene은 『인간 본성의 법칙』에서 변화하려면 단순히 성격이 아니라 '패턴'을 바꿔야 한다고 강조합니다. 패턴을 바꾸지 않으면 계속해서 동일한 실수를 반복하게 된다는 것입니다. 우리가 반복하는 생각과 행동은 고정된 패턴을 만들고, 그 패턴은 다시 똑같은 의사결정을 반복하게 만듭니다. 변화를 원하지만 제자리걸음을 하는 이유도 바로 이 고정된 패턴 때문입니다.

변화를 앞두고 할 수 있는 선택은 두 가지입니다. 첫째, 자신의 패턴을 무시하거나 부정하는 것입니다. 나의 성격이나 행동을 제대로 파악하지 않고 둔다면 적합하지 않은 일을 계속 시도하게 되고, 실패로 이어집니다. 맞지 않는 옷을 입은 듯이 말이지요. 둘째, 패턴을 철저히 분석하고 피드백을 하는 것입니다. 내가 특정한 상황에서 어떻게 반응하는지, 어떤 성격을 가지고 있는지 파악하고, 내 강점과 약점을 이해하려는 시도입니다.

나의 행동과 생각의 방식을 인식하는 것이 패턴을 바꾸는 첫걸음입니다. 일상에서 반복되는 생각이나 감정을 자주 들여다보고 어떤 선택을 하는지 파악하세요. 이 패턴이 원하는 결과를 만들어내지 않는다면 먼저 작은 변화를 시작해야 합니다. 새로운 습관을 들이거나 긍정적인 마인드셋을 유지하는 등의 시도가 필요합니다. 이런 점진적인 변화가 쌓여 새로운 패턴이 형성되고 더 나은 결과로 이어집니다.

당신은 어떤 패턴을 가지고 있나요? 자신의 생각과 행동을 돌아보고, 중요한 결정을 내릴 때 어떤 기준을 따르는지 분석해 보세요. 그 속에 숨겨진 패턴을 알아차릴 때 진정한 변화가 시작됩니다. 이 패턴을 바꾸지 않으면 같은 실수를 반복하며 같은 결과를 맞이할 수밖에 없습니다.

지금 바로 패턴을 인식하세요. 변화를 두려워하지 마세요. 변화하지 않으면 언제까지나 과거에 살며 같은 자리에 계속

머무르게 될 것입니다. 지금 패턴을 깨고 새로운 길을 걸어
가세요.

내가 변화하는 만큼 내 삶도 변한다.

061

현실적으로 생각하고
행동하지 마라

『10배의 법칙』

그랜트 카돈Grant Cardone은 돈, 재능, 능력, 인맥, 명문대 졸업장은 물론이고 운도 없었습니다. 그럼에도 8000억 자산가가, 세계적인 동기부여 강연가, 1500만 명의 팬을 거느린 인플루언서가 되었지요. 그의 성공 비결은 바로 '10배의 법칙'에 있었습니다.

카돈은 성공을 습관으로 만들어야 한다고 강조합니다. 그래서 "당신이 날마다 하는 행동에 따라 당신의 삶이 좌우된다"라는 자신의 말처럼 날마다 10배 더 큰 목표를 세우고, 그 목표를 이루기 위해 10배 더 많은 행동을 한다고 합니다.

카돈이 전하는 메시지는 단순합니다. 당신의 문제가 '재능 없음'이 아니라 '이름 없음'에 있다는 것이지요. 세상이 나에 대해 알지 못하는 게 문제라는 것입니다. 이를 해결하기 위해서는 어떻게 해야 할까요? 답은 하나입니다. 끈질기게 해야 합니다. 질보다 양이 중요합니다. 더 많이 행동하고 더 많이 시도하는 사람이 결국 가장 많은 관심을 끌고, 이 관심이 자연스럽게 돈과 권력으로 이어진다는 논리입니다.

사람들의 관심을 끄는 건 엄청난 양의 '일관된 행동'입니다. 꾸준한 노력과 행동을 보이면 그만큼 사람들이 집중하게 됩니다. 그리고 예상치 못한 기회와 돈, 성과로 이어지지요. '가장 많은 행동을 하는 사람이 가장 많은 결과를 얻는다'라는 이 법칙은 누구든 시도할 수 있는 성공의 핵심입니다. 실제로 카돈 또한 부동산 투자나 영업을 할 때 다른 사람보다 10배 더 많은 매물을 조사하고, 더 많은 고객과 접촉했다고 합니다.

목표를 달성하는 데 자질이나 재능이 반드시 필요한 건 아닙니다. 중요한 것은 지치지 않고 목표를 향한 행동을 지속적으로 이어나가는 자세입니다. 달리다가 두려움이 들 때는 목표를 다시 10배 크게 설정하고, 행동도 그에 맞춰 10배 더 많이 하면 성공으로 가는 습관이 자연스럽게 형성됩니다.

목표를 절대 줄이지 마세요. 행동을 늘리세요. 목표를 너무 현실적으로 설정하면 큰 성과를 얻기 어렵습니다. 무엇보다 작은 목표로는 10배 이상의 행동을 끌어내지 못합니다. 목표를 10배 더 크게 설정하면 그 목표를 위한 행동의 양도 10배 더 많아집니다. 그리고 그 행동에서 예상치 못한 기회와 성과가 주어진다는 사실을 잊지 마세요.

나는 큰 목표를 세우고 10배 더 행동하는 사람이다.

062

창조성이 삶을 다채롭게 한다

『아티스트 웨이, 마음의 소리를 듣는 시간』

우리는 종종 일상에 치여 창조성을 잃고 자신을 표현할 기회를 놓칩니다. 반복되는 일상 속에서 창의적인 열정을 느끼기는 어려운 일이지요. 무언가 만들고자 할 때도 '내가 잘할 수 있을까?'라는 의심이 생기고, 비판이 두려워집니다. 점점 내가 무엇을 잘하고, 무엇을 원하는지도 모르게 됩니다. 이렇게 창작이 두렵고 실패할까 걱정하기 시작하면 창조성은 억눌립니다.

이 문제를 해결하는 첫 번째 방법은 바로 '모닝 페이지'입니다. 줄리아 캐머런Julia Cameron의 책『아티스트 웨이, 마음의 소리를 듣는 시간』에서 제시한 방법입니다.

　모닝 페이지는 아주 간단합니다. 매일 아침, 생각나는 대로 세 쪽을 씁니다. 그러면서 불안이나 스트레스를 자유롭게 풀어낼 수 있습니다. 아침에 '쓸 말이 없네'라는 생각이 들면, 그 말을 그대로 쓰는 겁니다. 그러면 자연스럽게 머릿속의 잡념이 풀리기 시작합니다. 글을 쓰며 내면의 목소리를 찾을 수 있습니다.

　모닝 페이지의 핵심은 자유롭게 쓰는 것입니다. 규칙이나 틀을 정하지 않고, 떠오르는 생각을 그대로 적어야 합니다. 생각나는 대로 글을 쓰다 보면 내면의 목소리가 점점 더 또렷해지고 내가 무엇을 두려워하며 또 무엇을 원하는지 알게 됩니다. 이렇게 매일 감정을 솔직하게 적다 보면 창조성을 되찾을 수 있습니다.

　저도 처음엔 걱정이 많았습니다. '아이 엄마가 운동하면 안 될 텐데' '하늘 볼 시간이 어디 있어?' '팔리지도 않는 그림을 왜 그려?' '책 보고 글쓰면 언제 돈 벌어?' 모닝 페이지를 하다 보니 그 두려움과 걱정은 점차 사라졌습니다. 그래서 아이를 키우며 틈날 때마다 책을 보고, 그림을 그리고, 글을 씁니다. 격투기를 배우고, 마라톤을 완주하고, 전시를 하며 삶을 즐깁니다. 처음에는 이런 작은 변화에 큰 의미가 있나 싫었지만, 변화가 쌓이자 삶이 더 건강한 방향으로 바뀌었습니다.

저는 이제 나다운 삶을 사는 데 망설이지 않습니다. 매일 해가 지고 별과 달이 떠오르는 풍경을 볼 수 있는 곳에서 일하고 있죠. 일부러 그런 사무실을 택했습니다. 탁 트인 풍경에서 일하다 보면 자연스럽게 노을을 감상할 수 있습니다. 직접 제작한 책장에는 2000권의 책이 있고, 사무실의 절반은 전시 공간으로 사용해 5미터가 넘는 대형 유화 작품도 전시되어 있습니다. 작은 변화가 만들어낸 큰 변화입니다. 그래서 하루를 나답게 채워가는 것이 얼마나 소중한지 깨달았습니다.

이제는 내가 하고 싶은 일들을 마음껏 할 수 있는 용기가 생겼습니다. 자신을 믿고, 내면의 목소리를 따르는 것이 조금씩 자연스러워지고 있습니다.

모닝 페이지는 글을 쓰는 것 이상의 의미를 지닙니다. 내면의 목소리를 듣고 자신을 믿는 과정 자체가 삶을 변화시키는 강력한 도구가 됩니다.

이제 당신의 이야기를 시작할 시간입니다. 창조성을 발휘할 기회를 스스로 만들어나가세요. 모닝 페이지를 쓰는 순간이 첫걸음입니다. 그동안 잠자고 있던 창조적인 에너지가 당신을 향해 활짝 열릴 것입니다. 창조성은 이미 당신 안에 숨어 있습니다. 더 이상 미루지 말고, 참지 마세요. 이제는 당신답게, 신나게 살아가세요!

나는 내가 하고 싶은 일들을
마음껏 할 수 있는 용기를 가졌다.

063

내 일에 몰입하는 즐거움

『몰입』

처음에는 누구나 열정적으로 일을 시작합니다. 목표도 있고 꿈도 있죠. 하지만 시간이 지날수록 지칩니다. 처음에는 그토록 열정적으로 몰입하던 일이 연차가 쌓일수록 더 어렵게 느껴지고 흥미가 떨어집니다. '이 일을 왜 하고 있는지 잘 모르겠어' '내가 하는 일이 정말 중요한 걸까?' '어떻게 해야 잘할 수 있을까?'라는 고민을 하게 되죠. 이런 상황에서 필요한 건 바로 '몰입flow'입니다.

미하이 칙센트미하이Mihaly Csikszentmihalyi가 말하는 몰입은 자신이 하는 일에 온전히 집중하고, 그 과정에서 성취감을 느끼는 상태입니다. 명확한 목표 설정, 적당한 도전, 즉각적인 피드백이라는 세 가지 전략이 필요하지요.

저와 함께 일하는 A는 제 인스타그램에서 게시물과 숏폼 콘텐츠를 담당하며 작업을 시작했으나, 시간이 지나면서 점차 지루함을 느꼈습니다. 그래서 저는 A에게 몰입의 세 가지 전략을 적용한 피드백을 주기 시작했습니다.

우선 목표를 명확하게 설정했습니다. "이번 달에 인스타그램 조회수 100만 달성하자!"라는 구체적인 목표를 설정하자 몰입의 기준을 얻은 A는 더 집중하게 되었습니다. 그때부터 함께 5만 뷰부터 100만 뷰까지 인스타그램 게시물과 숏폼을 수집하며 공부했습니다.

다음은 적당한 도전을 하기로 했습니다. 기존의 형식에서 벗어나 인기 있는 챌린지나 최신 트렌드를 반영한 유니크한 콘텐츠를 만들기 시작했습니다. 이렇게 새로운 시도를 하자 작업이 훨씬 더 재미있어졌고, 콘텐츠의 품질도 높아졌습니다. 매일 아침부터 밤까지 아이디어가 끊임없이 떠올랐습니다. 때로는 너무 많아서 잠을 못 잘 정도였죠. 이 과정에서 새로운 콘텐츠를 시도하며 점점 더 발전할 수 있었습니다.

마지막으로 즉각적인 피드백을 했습니다. 콘텐츠를 게시한 후 팔로워들의 반응을 빠르게 확인하고, 그에 맞춰 콘텐츠를 즉시 수정했습니다. 그러자 한 달 만에 인스타그램에서만 252만 뷰를 달성하게 되었습니다. 놀라웠죠. 이 결과는 알고리즘 상위 노출과 억 단위 매출 증대라는 성과로 이어졌습니다. 이 일로 A는 원하는 시간에 언제든지 휴식을 취할 자유를 얻었습니다. 몰입으로 성과를 내는 법을 깨달았으니 사무실에 묶여 있을 필요가 없어졌습니다.

몰입을 하면 사는 게 참 즐겁습니다. 시간 가는 줄 모릅니다. 더 많은 일을 집중해서 빠르고 정확하게 하게 되고, 창의적인 아이디어가 쏟아져 나와 문제를 빠르게 해결할 수 있습니다. 몰입하며 행복하니 스트레스는 줄고, 결과가 따라와 주니 더 긍정적이죠. 단순히 일만 잘하는 것이 아닌 큰 만족감을 느끼게 합니다. 그러니 당신도 오늘부터 몰입을 배우고, 그 과정에서 의미와 성취감을 경험하며 진정한 행복을 찾아가길 바랍니다.

나는 목표를 명확히 하고, 도전을 즐기며,
피드백을 받아 몰입한다.

064

소원을 이뤄주는 믿음에 대하여

『3개의 소원 100일의 기적』

『3개의 소원 100일의 기적』에서 가장 중요한 요소는 '믿음'입니다. 믿음은 소원을 현실로 만드는 핵심적인 힘으로, 목표를 향한 에너지와 행동을 이끌어냅니다.

믿음에는 두 가지가 있습니다. 첫 번째는 '소원을 이루기 위한 믿음'으로, 목표가 무엇인지, 그 목표를 이루면 찾아올 변화가 무엇인지에 대한 확신입니다. 두 번째는 '자기 자신에 대한 믿음'으로, 목표를 실현할 수 있다는 확신입니다.

믿음을 키우는 가장 좋은 방법은 매일 소원을 세 번씩 쓰는 것입니다. 예를 들면 '2025년 월수입이 1000만 원을 넘었다.' '2025년 겨울 가족들과 하와이를 갔다'라는 식으로 미래의 일을 현재형으로 적는 것이지요. 이렇게 하루 5분만 투자해 목표를 적고, 그것이 이루어질 것이라고 믿으면 자연스럽게 행동이 따라옵니다.

독일의 심리학자 피오트르 외팅겐Piotr Oettingen과 캐나다의 정신과 의사 노르만 도이치Norman Doidge의 연구에 따르면 목표를 시각화하고 반복적으로 실천하면 뇌의 전두엽이 활성화되어 목표 달성에 긍정적인 영향을 미친다고 합니다. 소원을 쓰며 가지는 긍정적 사고와 반복적인 실천이 뇌의 신경가소성을 자극해 목표 달성에 도움을 주는 겁니다.

또한 소원을 이룬 후 감사하는 마음을 가지면 잠재의식이 목표를 이루는 데 도움을 줍니다. 결론적으로 믿음과 감사는 목표를 현실로 만드는 중요한 힘입니다. 그러니 지금 당장 자신의 소원을 적어보세요. 누가 아나요? 오늘 그 한 줄이 내일의 성공을 이끌어낼지 모릅니다.

나는 소원을 현실로 만드는 사람이다.

065

모든 사람을
만족시켜야 한다는 착각

『최강의 멘탈 관리』

아마존, 마이크로소프트, BMW 등 세계적인 기업들의 멘탈 코치인 킴벌리 페이스Kimberly Faith는 『최강의 멘탈 관리』에서 생각이 전환될 때는 세 가지 단계를 거친다고 설명합니다. '난 안 돼'라고 생각하며 자괴감에 빠지는 레드 존, '내가 왜 이렇게 살고 있지?'라고 자각하는 옐로우 존 그리고 '나도 할 수 있어'라며 극복하는 그린 존을 지나며 생각을 전환하게 된다는 것입니다.

그런데 우리는 왜 레드 존에 머무르게 될까요? 여러 이유가 있겠지만 대부분의 부정적인 생각은 모든 사람을 만족시

커야 한다는 강박과 집착에서 비롯됩니다. 이럴 때 우리는 거절하지 못하고 모든 일을 떠맡아 완벽을 추구하지만 그럴수록 압박감만 커지고 끝내 지치게 됩니다. '왜 나만 이렇게 열심히 하는 거지?'라는 생각에 억울함을 느끼고, 결국 '아, 나는 안 돼'라는 자책으로 포기하는 것이죠.

이렇게 하면 아무도 만족시킬 수 없습니다. 특히 가장 중요한 자기 자신을 만족시키지 못하죠. 그래서 할 수 없는 일은 내려놓고, 솔직하게 거절할 줄도 알아야 합니다. 공자도 "아는 것은 안다고 하고, 모르는 것은 모른다고 하는 것이 진정으로 아는 것"이라고 말했습니다. 이것이 옐로우 존으로 넘어가는 첫 걸음입니다.

옐로우 존에서 그린 존으로 넘어가기 위해서는 자신의 한계를 인식하고 이를 정확히 표현해야 합니다. 다음과 같은 말을 통해 그린 존으로 나아갈 수 있습니다.

"요청하신 일은 기꺼이 하겠습니다. 다만 우선순위를 먼저 조정했으면 합니다."

"이미 계획한 일이 있어서 이 일은 할 수 없습니다. 그러나 이 일은 할 수 있습니다."

"생각해 주셔서 감사합니다만 일정상 지금은 할 수 없습니다. 나중에 도와드리겠습니다."

더는 레드 존에서 허둥거리지 마세요. 타인의 일을 처리하며 그들을 만족시키느라 시간을 낭비하지 마세요. 당신이 책임져야 할 가장 중요한 존재는 타인이 아니라 바로 당신 자신입니다. 스스로를 돌보고, 관찰하는 일이 우선이라는 사실을 기억하세요.

나는 불필요한 요구를 거절하며 내 경계를 지킨다.

066

중요한 일에 시간을 떼어놓을 것

『지금 하지 않으면 언제 하겠는가』

팀 페리스Tim Ferriss는 저서 『지금 하지 않으면 언제 하겠는가』에서 한정된 시간에 대해 이야기했습니다. 우리는 시간이 별로 없음에도 생각하는 것과 다른 방식으로 시간을 흘려보내고 있다고 말하지요. 제한된 시간을 살다 가기 때문에 모든 것을 할 수 없고, 그래서 모든 것을 하지 않도록 시간을 설계해야 한다고 주장합니다.

당신 삶의 우선순위는 어떤가요? 나 자신에게 중요한 일, 더 나은 삶을 위해 반드시 해야 하는 일을 먼저 하고 있나요? 이렇게 질문해 보면 "그렇지 않다"라고 대답하는 사람이 굉장히 많습니다. 일상에 '시간 도둑'이 숨어 있기 때문입니다.

다른 사람의 요청, 괜한 의무감에 맡은 일, 쏟아지는 이메일… 이 모든 것이 시간 도둑입니다. 우리는 시간 도둑에게 운동을 하고, 자기계발을 하고, 내 커리어에 도움이 될 사람과 만나고, 가족과 함께할 시간을 빼앗깁니다. 그러면서도 그 사실을 눈치 채지 못해 늘 '나는 왜 이렇게 시간이 없을까' 고민하곤 하지요.

이 문제를 해결하는 방법은 간단합니다. 바로 우선순위를 재설정하고, 정말 중요한 일에 시간을 먼저 배분하는 것입니다. 쉽게 보이지만 실제로 실행하기는 매우 어려운 일입니다. 우리의 일상과 인간관계까지 전면적으로 재조정하는 일이기 때문입니다.

하지만 이러한 결단을 내리지 않으면 영원히 '내 시간'을 가질 수 없게 됩니다. 계속해서 가치 없는 일에 시간을 허비해 버리고 말지요. 이렇게 살다 세상을 떠나면 얼마나 아쉬울까요?

이제 당신은 삶을 장기전으로 바라보며, 무엇이 진정 중요한지 명확히 해야 합니다. 그 목표를 향해 어떤 시간을 투자할지, 어떻게 우선순위를 설정할지를 깊이 고민해 보세요.

그리고 그동안 당신의 시간에 침투한 방해 요소들을 과감히 떼어내세요.

바로 이 순간부터 당신은 자신만의 시간을 살아갑니다. 그 어떤 것도 당신을 멈추게 하지 마세요. 미래는 바로 오늘, 당신이 선택하는 행동 속에서 만들어집니다.

나는 우선순위를 설정하고
시간을 잘 관리하는 부자다.

067

주장하고 협상하는 아이로 키워라

『아웃라이어』

말콤 글래드웰의 『아웃라이어』는 단순히 성공을 설명하는 것이 아니라 개인의 성공이 환경과 문화적 배경에 얼마나 큰 영향을 받는지 탐구한 작품입니다. 글래드웰은 큰 성공을 거두는 '아웃라이어'가 되는 데는 개인의 재능이나 노력뿐 아니라 그가 자란 환경과 사회적 조건도 중요한 역할을 한다고 말합니다. 특히 이 책은 양육 방식의 차이가 아이의 미래에 어떤 영향을 미치는지에 대해 깊이 다룹니다.

책에 따르면 중산층의 부모는 '집중 양육'을 한다고 합니다. 교육비와 시간, 자원을 아끼지 않고 자녀가 원하는 바를 성취할 수 있도록 도우며 아이들의 재능과 의견을 길러줍니다. 반면 빈곤층의 부모는 '자연 양육'을 합니다. 자녀가 스스로 환경에 적응하고, 필요한 것을 알아서 배우게끔 두는 방식이지요. 이 두 방식은 아이가 사회에서 행동하며 자신의 권리와 지위를 주장하는 방식에 큰 영향을 미칩니다.

예를 들어보면 이렇습니다. 빈곤층의 부모는 "어른들 말 들어"라고 이야기합니다. 그렇기 때문에 치과에 갈 때도 의사가 신인 것처럼 이야기하지요. "의사 선생님은 전문가야. 그러니까 무조건 말 들어. 아파도 울지 말고 견뎌야 해." 그러면 아이는 권위에 굴복하게 되고, 의사에게 질문할 생각조차 하지 못합니다.

반면 중산층 부모는 아이에게 "의사 선생님은 네 친구야. 의사 선생님이 공부한 이유는 바로 널 제대로 고쳐주기 위해서란다. 네가 물어보면 무엇이든 대답해줄 거야"라고 가르칩니다. 그 결과 아이가 자기 의견을 적극적으로 표현하고, 협상하며, 자신의 권리를 주장할 수 있는 사람으로 성장하게 됩니다.

두 부류의 아이들 중 어떤 아이들이 더 많이 성공할까요? 어떤 아이들이 더 많은 기회를 얻고, 더 당당하게 자신의 지위와 권리를 찾을까요? 당연히 후자겠지요.

양육의 차이가 아이의 성공 가능성을 판가름합니다. 아이가 있다면, 사랑하는 아이에게 어떤 미래를 그려줄 수 있을지 고민해 보세요. 아이가 없다면 스스로 어떤 양육 환경에서 자라왔나 돌이켜보세요. 만약 의견을 말하고 협상을 하는데 어려움이 있다면, 의식적으로 생각과 행동을 수정해야 합니다.

내 생각과 권리는 소중하며,
나는 그것을 자유롭게 표현한다.

068

습관을 바꾸고 싶을 때

『넛지』

『넛지』는 인간 행동에 대한 관점을 바꿔놓은 책입니다. '넛지nudge'는 '팔꿈치로 슬쩍 찌른다'라는 뜻을 가지고 있지요. 강제하거나 명령하지 않아도, 비용을 들이지 않아도 약간의 부드러운 개입만 있으면 선택을 원하는 방향으로 이끌 수 있다는 개념입니다.

남자 화장실의 소변기 중앙에 작은 파리 모양 스티커를 붙였더니 이용자들이 자연스럽게 파리를 조준하여 소변을 보게 되었다는 사례가 있습니다. 이 작은 변화로 밖으로 새어나가는 소변이 80퍼센트나 줄어들었다고 합니다.

저는 이 책의 개념을 『절제의 성공학』의 조언과 결합하여 적용해 보았습니다. 『절제의 성공학』에서 미즈노 남보쿠는 과식과 폭식이 자연에 빚을 지는 일이라고 말합니다. 내가 하늘로부터 받은 음식보다 많이 먹는 것은 매일 빚쟁이가 되는 것과 마찬가지이며, 이 빚을 갚지 못하면 자손이 갚아야 하고 자손이 없으면 집안 자체가 망한다고 하죠. 저는 이 내용을 보고 온몸에 소름이 돋았습니다. 그리고 음식뿐만 아니라 모든 물건에도 적용되는 이야기라는 생각을 했습니다.

남보쿠는 먹을 것을 다 먹고, 입을 것을 다 입고 출세를 바라는 사람은 미련한 사람이라고 합니다. 부족한 곳은 채우고 넉넉한 곳은 비우는 것이 세상의 이치이기 때문입니다. 물이 가득 담긴 잔은 결국 흘러넘치며, 텅 빈 잔에는 복이 채워집니다.

하지만 많은 사람이 미래의 소득으로 무언가를 사서 채우기에 급급합니다. 하지만 그렇게 산 음식, 물건을 얼마나 먹고 몇 번이나 쓰나요? 집에는 혹해서 샀지만 사용하지 않는 물건이 곳곳에 쌓여 있습니다. 결국 필요하지 않은 물건이나 음식을 쌓아두고, 그만큼 삶의 질을 떨어뜨리는 것이지요.

그래서 '넛지'를 활용하여 절제를 실천하려고 했습니다. 『절제의 성공학』의 '폭식과 과식은 천복을 줄이며, 소식과 절제는 천복을 늘린다'라는 구절을 포스트잇에 적어 여러 곳에 붙여두었습니다. 그랬더니 과식하거나 불필요한 물건을 사고 싶은 순간에 '내 욕심이 자손들이 누릴 복을 줄이고 있구나'라는 생각이 들며 자연스럽게 멈추게 되었습니다.

자신의 습관을 개선하고 싶은 순간에 작은 개입, 즉 '넛지'를 활용해 보세요. 작은 변화가 행동을 이끌어내고, 원하는 방향으로 나아갈 수 있는 강력한 도구가 될 것입니다.

나는 배운 것을 자주 되새기고 실천하는 사람이다.

069

불평을 삼킬 때 좋은 벗이 온다

『칭찬은 고래도 춤추게 한다』

행복한 삶을 만드는 데 필요한 세 가지 요소는 건강, 돈, 그리고 인간관계입니다.

'혼자서 잘 살 수 있다'라고 생각할 수도 있지만 사실 혼자 살아가는 사람은 없습니다. 사람은 서로가 필요하고, 그 관계에서 의미와 행복을 찾기 때문입니다.

아무리 건강하고 경제적으로 여유가 있어도 함께 밥을 먹거나 이야기를 나눌 사람이 없다면 그 삶은 결국 외롭고 쓸쓸할 수밖에 없습니다. 돈이 많고 건강하더라도, 그 모든 것을 나눌 사람이 없다면 그 삶은 허무하고 공허하게 느껴질 것입니다.

그렇다면 어떻게 해야 좋은 관계를 맺을 수 있을까요? 세계적인 베스트셀러 『칭찬은 고래도 춤추게 한다』에서 그 답을 찾을 수 있습니다. 이 책은 '고래 반응'이라는 개념으로 칭찬의 중요성을 강조합니다.

고래가 멋진 쇼를 펼칠 수 있는 이유는 조련사가 고래의 잘한 행동을 즉각적으로 칭찬하며 이 행동을 반복하도록 유도하기 때문입니다. 즉 '하면 된다'라는 긍정적인 태도와 끊임없는 칭찬이 고래를 춤추게 만드는 것입니다.

비판보다는 칭찬이 관계를 발전시킵니다. 책에서는 즉각적으로 칭찬하고, 잘한 일을 명확하게 짚어주며, 그 일에 대해 느끼는 긍정적인 감정을 함께 나누는 것이 중요하다고 말합니다.

상대방의 불편한 점이나 부족한 점을 계속 비난하거나 불평을 늘어놓는다면 그 관계는 점차 나빠질 수밖에 없습니다. 말을 하면 할수록 내 편이 점차 줄어들고 결국 관계는 끊어지게 되지요.

상대방에게 칭찬을 할 때는 구체적으로 어떤 점이 좋았는지를 언급하는 것이 중요합니다. 구체적인 칭찬은 자신이 잘한 부분을 명확히 인식하고, 그 행동을 계속 반복하려는 동기를 부여합니다. 다음은 좋은 칭찬의 열 가지 예시입니다.

"책임감이 강하시군요."

"이 아이디어는 창의적이에요."

"좋은 해결책이네요. 당신 덕분에 문제를 해결할 수 있었어요!"

"일을 정말 꼼꼼하게 해주었군요. 덕분에 모두가 편해졌어요."

"다른 사람을 배려하는 모습 정말 멋져요."

"열정에 감동받았어요. 대단해요!"

"당신은 언제나 긍정적으로 말해요. 그래서 함께 있으면 기분이 좋아요."

"말할 때마다 잘 이해해 줘서 고마워요."

"어려운 상황에서도 항상 침착하시군요."

"정말 빠르게 배우시는군요!"

상대방의 좋은 점을 먼저 보고, 그것을 진심으로 칭찬하는 노력이 필요합니다. 이렇게 장점을 확실히 인정하고 칭찬하는 관계가 쌓일수록 우리의 삶은 더욱 따뜻하고 풍성해집니다.

진심으로 나누는 칭찬이 소중한 인연과 아름다운 시간을
선물해 준다는 사실을 잊지 마세요.

나의 칭찬이 누군가에게 힘이 되고 기쁨을 준다.

070

어린 시절의 나에게 해주고 싶은 말

『상처받은 내면아이 치유』

저는 받는 것에 익숙하지 않았습니다. 생일에 선물을 요
구하는 것도 어색했죠. 마음속 깊은 곳에는 '나는 이런 걸 받
을 자격이 없다'라는 생각이 자리 잡고 있었습니다. 주변 사
람들을 잘 챙기고 대접했지만, 정작 저 자신에게는 그렇게
하지 않았습니다.

그러나 아이들을 키우면서 마음을 바꾸었습니다. 아이들
이 선물을 받는 걸 보면서 저도 마음이 불편했는데, 그 이유
가 저 스스로를 가치 없다고 여겼기 때문이라는 사실을 깨달
았기 때문입니다. 그래서 그 생각을 버리기로 결심했습니다.

저 스스로를 더 소중하게 여기고, 그 마음이 아이들에게도 영향을 줄 수 있도록 해야겠다고 다짐했습니다. 그런 마음을 갖고 나니 선물을 받는 게 훨씬 더 자연스러워졌습니다. 이 과정에서 존 브래드쇼John Bradshaw의 책『상처받은 내면아이 치유』를 읽고 큰 도움을 받았습니다.

브래드쇼는 이 책에서 '내면아이'란 어릴 때 받은 감정적인 상처와 그 상처에서 비롯된 불안감이나 자기혐오를 말한다고 설명합니다. 부모로부터 충분히 사랑받지 못하거나, 늘 비판받으면서 자라면 이런 상처가 생깁니다. 이 상처는 성인이 되어서도 계속 삶에 영향을 미칩니다. 그래서 자신을 낮추거나 부정적인 생각을 가지게 되죠. 저도 외부에서 인정과 칭찬을 받고 싶은 마음이 있었습니다. 특히 부모님 또래 어른들에게 칭찬받고 싶은 욕구가 컸습니다. 어린 시절 받지 못한 부모님의 관심을 바라고 있었던 것이지요.

브래드쇼는 내면아이에게 '너는 소중하고 사랑받을 자격이 있다'라는 메시지를 자주 전해줘야 한다고 말합니다. 어린 시절 "태어나줘서 고마워"라는 말을 듣지 못했다면 자신의 존재 자체가 소중하고 사랑받을 가치가 있음을 깨닫지 못할 수 있습니다. 이럴 때 '너는 소중하고 사랑받을 자격이 있다'라는 메시지를 반복해서 들려준다면 마음이 훨씬 편안해질 수 있습니다.

저는 4년간 '사랑하는 새해야, 이 세상에 태어나줘서 고마워'라는 말을 되뇌며 스스로에게 칭찬과 격려를 보냈습니다. '이혼하고 싶었던 엄마의 발목을 잡고 태어난 아이'가 아닌 내 존재 자체로 환영받고 싶었기 때문입니다.

또 과거의 어린 나를 상상하며 '너는 정말 잘하고 있어. 너의 곁을 떠나지 않을게'라고 말하곤 했습니다. 처음에는 어색하고 부자연스럽게 느껴졌지만, 점차 시간이 흐르며 저에 대한 사랑과 안쓰러운 마음이 느껴졌습니다. 그렇게 어린 시절의 울고 있는 제게 사랑을 보냈습니다. 스스로를 부정적으로 평가하지 않고 긍정적인 언어를 자주 건네고 칭찬하며 천천히 치유의 시간을 가졌습니다.

나 자신을 가장 소중한 친구처럼 대하며 반복해서 칭찬과 격려를 해줄 필요가 있습니다. "우리는 우리가 믿는 대로가 아니라 자주 반복하는 대로 된다"라는 말이 있습니다. 반복하는 생각과 말이 우리의 삶을 만든다는 뜻이죠. 자꾸만 나 자신을 비난하고 부정적으로 생각하면 그 생각이 말과 행동으로도 드러납니다. 반대로 나 자신을 사랑하고 칭찬한다면 삶에 긍정적인 변화가 일어납니다.

당신은 자기 자신이 가장 믿고 의지할 수 있는 존재임을 깨달아야 합니다. 그러니 타인의 인정에 의존하기보다 자기 자신을 진심으로 사랑하고 돌보는 일이 중요합니다. 내면아이를 치유하고 그 사랑을 바탕으로 세상과 관계를 맺을 때, 내면에서 우러나오는 자아 존중감이 우리의 삶을 건강하고 안정적으로 만들어줄 것입니다.

나는 충분히 소중하고, 사랑받을 자격이 있다.

071

매번 성공할 수는 없다

『돈의 심리학』

성공한 사람을 보면 종종 이런 생각이 듭니다. '저 사람은 어떻게 옳은 선택만 했을까?' 주식 투자에 성공한 사람은 모든 종목에서 수익을 올렸다고 생각하고, 사업으로 성공한 사람은 모든 기회를 다 잡았다고 생각하죠. 하지만 실제로는 그렇지 않습니다.

미국의 투자 전문가이자 작가 모건 하우절Morgan Housel은 저서 『돈의 심리학』에서 "꼬리가 몸통을 흔든다"라고 말합니다. 작은 행동이 전체 결과에 큰 영향을 미친다는 의미입니다. 워런 버핏은 400~500개 종목의 주식을 보유했지만,

실제로 그의 자산을 불려준 건 열 개 종목이었습니다. 그 열 개의 주식이 그의 자산이라는 큰 몸통을 이루었다는 거죠. 하우절은 그래서 전부 이기려 하지 말고, 이길 때 크게 이기고 질 때 작게 지는 것이 중요하다고 말합니다.

이렇게 보면 '한 번에 모든 것이 성공한다'거나 '모든 사람이 성공한다'는 생각은 사실상 환상입니다. 올라가는 날이 있으면 내려가는 날도 있기 마련입니다. 하지만 우리는 내려가는 순간을 견디지 못하고 비이성적인 선택을 하게 됩니다.

부자들도 처음부터 모든 일이 잘 풀린 게 아닙니다. 그들도 수많은 실패를 겪고, 그 속에서 얻은 교훈으로 더 큰 성공을 만들어갔습니다. 당신도 마찬가지입니다. 실패에 굴복하지 않고, 매번 일어설 수 있는 힘을 키운다면 원하는 목표를 이룰 수 있습니다. 실패는 당신을 정의하지 않습니다. 당신이 실패를 어떻게 다루느냐가 당신의 미래를 결정합니다. 계속해서 앞으로 나아가세요. 아직 끝나지 않았습니다.

내 안에는 무한한 가능성과 회복력이 있다.

072

과거의 기억은
실제 경험과 똑같을까

『생각에 관한 생각』

노벨 경제학상을 수상한 심리학자 대니얼 카너먼Daniel Kahneman의 저서 『생각에 관한 생각』에서는 '경험하는 자아'와 '기억하는 자아'에 대해 다룹니다. 경험하는 자아는 지금 이 순간을 인식하는 자아이고, 기억하는 자아는 경험한 상황의 전체적인 흐름을 기억하는 자아입니다.

고통은 길수록 나을까요, 짧을수록 나을까요? 직관적으로는 짧을수록 낫다고 생각하게 됩니다. 하지만 카너먼이 소개한 실험에서는 전혀 다른 결과가 나왔습니다.

차가운 물에 손을 담그고 고통의 정도를 평가하는 실험이었습니다. 첫 번째 실험군은 60초 동안 차가운 물에 손을 담 갔습니다. 두 번째 실험군은 60초 동안 첫 번째 실험군과 같은 온도의 물에 담그고, 이후 덜 차가운 물에 30초 더 담갔습니다.

직관적으로는 차가운 물에 90초나 손을 담근 두 번째 실험군이 더 많은 고통을 느꼈을 것 같지만, 실제로는 첫 번째 실험군이 고통을 더 부정적으로 평가했다고 합니다.

경험하는 자아는 '고통의 순간'을 인식하지만, 기억하는 자아는 '전체적인 경험'을 인식하기에 평가가 달라집니다. 첫 번째 실험군은 60초 동안 고통을 경험하고 끝났지만, 두 번째 실험군은 90초의 고통을 겪고 나서 '마지막 30초는 덜 차가워서 고통이 덜했다'라는 기억을 가지게 됩니다. 전체적인 경험의 '끝'에서 더 나은 기억을 가지게 되는 것이죠.

예를 들어볼까요? 맛있는 음식을 먹었는데, 마지막 한 입을 남겨두고 음식에 머리카락이 있는 것을 발견했습니다. 기분이 좋지 않겠지요. 한 시간 동안 맛있게 음식을 먹었어도 머리카락을 발견한 1초의 기억만 남게 되는 것입니다.

이제 이를 우리의 삶에 어떻게 적용할 수 있을지 생각해 봅시다. 당신은 아마 좋은 경험을 많이 쌓아왔을 것입니다. 인생이 게임처럼 전반적으로 즐겁고 재미있었을 가능성이 큽니다. 그래서 지금까지도 삶을 이어오고 있겠지요. 그런데 한두 번의 큰 실패나 아픈 경험에만 집중하다 보면 전체 인생이 '불행했다'라고 평가하게 됩니다. 몇 번의 실패 때문에 모든 경험을 부정적으로 보는 것입니다.

또 하나, 과거에 했던 도전에 대해 '후회할 게 뻔하니 이번엔 도전하지 말자'라는 생각을 할 때도 있습니다. 아마 도전 당시 경험하는 자아는 그 순간을 즐기거나 행복을 느꼈을 것입니다. 바로 그 순간의 감정을 느끼는 자아이기 때문입니다. 그 일이 결과적으로 실패였다고 하더라도 그 순간에는 새로운 것을 배우고 도전하는 행동 자체에서 기쁨이나 만족을 느꼈을 가능성이 있다는 거죠.

하지만 시간이 지나 그 기억이 '기억하는 자아'에게 전달되면 전체적인 결과와 비교하기 때문에 부정적인 평가로 끝날 가능성이 생깁니다. 과거의 경험이 현재의 우리에게 미치는 영향은 우리가 그 경험을 어떻게 기억하느냐에 달려 있다는 것이지요.

카너먼은 '기억하는 자아'의 관점이 항상 옳지는 않다는 사실을 잊지 말아야 한다고 말합니다. 과거의 기억은 실제 경험을 왜곡하기 마련입니다.

과거에 지나치게 의존할 필요는 없습니다. 우리는 매 순간 '다음 시간'을 살아가는 존재입니다. 이 사실을 기억하고, 매 순간의 긍정적인 경험에 몸을 맡겨보세요. 오늘의 작은 선택들이 내일의 큰 변화를 만들어갑니다. 지금 이 순간이 바로 새로운 시작입니다.

나는 과거의 경험을 그대로 받아들이며 성장한다.

073

성공하려면 즐거움을 알아야 한다

『빠르게 실패하기』

미국의 진로 상담 분야 전문가인 존 크럼볼츠John Krumboltz 와 라이언 바비노Ryan Babineaux는 20년간 진행된 스탠퍼드대학교의 〈인생 성장 프로젝트〉에 참여하여 얻은 것을 책 『빠르게 실패하기』에 담았습니다. 이 책에는 재미있는 질문이 하나 등장합니다.

어느 날 증조부가 1억 달러를 유산으로 남겼다는 소식을 듣게 되었습니다. 그런데 특이한 조건이 있었죠. 괴짜였던 증조부가 발명한 '즐거움 측정기'를 달고, 1년 동안 즐거움 지수 7을 유지해야 1억 달러를 받을 수 있다는 것입니다.

1은 최악의 기분, 10은 완벽한 행복이니 7이면 꽤 즐거운 상태여야만 하겠지요. 물론 당신은 받아들였습니다. 그리고 도전의 첫날, 무엇을 할까요?

이 질문을 던지는 이유는 즐거움이야말로 성공을 만드는 재료이기 때문입니다. 재미가 없으면 뭘 하든 지루하고, 그러면 창의력이 떨어집니다. 재미가 있으면 오래 하게 되고, 오래 하다 보면 더 잘하게 되고, 잘하다 보면 남들이 발견하지 못한 무언가를 찾게 됩니다. 그게 바로 성공의 씨앗이 될 아이디어입니다.

눈을 반짝이면서 이야기하게 되는 무언가, 매일 작더라도 확실한 즐거움을 선사해 주면서 나의 기분을 매일 7로 유지하게 해주는 무언가가 있나요? 없다면 만들어야 합니다. 그 일이 고된 일상을 견디게 해줄 뿐만 아니라 지속적으로 부와 성공으로 이어지는 기회를 만들어줄 것입니다.

**나는 매일 작은 즐거움을 통해
풍요와 성공을 끌어당긴다.**

074

유연한 사람이 가장 빠르다

『무한능력』

브라이언 트레이시는 우리가 생각하고 느끼고 행동하고 성취하는 95퍼센트는 습관의 결과라고 말합니다. 습관은 약한 거미줄 같지만, 막상 발을 들여놓으면 나를 움직이지 못하게 만들지요.

토니 로빈스는 자신의 책 『무한능력』에서 성공하기 위해서는 네 가지가 필요하다고 이야기했습니다. 첫째, 진정으로 원하는 것이 무엇인지 정의해야 합니다. 둘째, 그에 맞게 행동해야 합니다. 셋째, 행동한 뒤 목표를 향해 제대로 가고 있는지 파악해야 합니다. 넷째, 목표에 도달할 때까지 전략을 바꾸는 유연성이 있어야 합니다.

즉 성공을 위해 만들어낸 습관이라도 나에게 득이 되지 않는다면 변형해서 새롭게 만들어야 한다는 것입니다. 마음에 드는 소스를 만드는 일과 비슷하지요. 우리는 소스를 만들 때 이것저것 넣기도 하고, 빼기도 하며 내 입맛에 딱 맞는 배합을 찾습니다.

당신의 습관을 점검해 보세요. 정말로 원하는 목표에 데려다줄 습관인가요? 그렇지 않다면 다른 방식을 시도해야 합니다. 유연한 사람만이 더 빠르게 도착할 수 있다는 사실을 기억하세요.

**나는 유연한 습관을 통해
원하는 결과를 신속하게 달성한다.**

075

불확실한 삶에 몸을 내맡겨라

『시작의 기술』

"안정적으로 살아야 해. 공무원이나 선생님을 해"라는 말은 확실하고 안정적인 길을 가리키지만, 때로는 더 큰 꿈과 도전을 향한 의지를 꺾기도 합니다. 반대로 "위험을 감수해야 성공할 수 있어"라는 말은 불확실한 상황 속에서도 도전하고 기회를 잡으라는 메시지를 담고 있습니다. 이 두 가지 접근 방식의 차이는 불확실성에 대한 태도에 있습니다.

『시작의 기술』에서 저자 개리 비숍Gary Bishop은 사람들이 불확실한 것을 피하려는 습성이 있다고 이야기합니다. 우리는 확실하고 준비된 상황을 좋아하지만, 지나치게 확실성에 집착하면 새로운 기회를 놓치게 됩니다. 이럴 때는 '준비가 될 때까지 기다린다'라는 생각을 버리고, 바로 행동에 나서야 합니다. 완벽한 준비는 존재하지 않습니다. 현재를 살아가며 최선을 다하는 것이 변화를 이끄는 첫걸음입니다.

불확실성 속에서 도전하는 일은 쉽지 않지만 진정한 성장을 가져옵니다. 저는 20대 초반 가난한 아르바이트생에서 시작해, 20대 중반에는 그림을 그려 전시하는 화가로, 30대 초반에는 유튜브 라이브 방송을 진행하는 작가로, 40대에는 콘텐츠로 지식과 경험을 나누는 사업가로 변신했습니다. 그 과정에서 수많은 도전과 실패를 겪었고, 악플과 테러, 구독자 정체기 등 어려운 시기를 견뎌내며 비즈니스를 이어갔습니다. 그 결과 지금까지 200점 이상의 미술 작품, 2000개 이상의 영상, 5권의 책, 70편의 아트 칼럼을 만들어냈습니다. 클래스101에서 1위를 기록한 '머니 시크릿' 강의와 와디즈에서 1위를 차지한 '하루 10분, 돈의 그릇 키우기' 강의를 통해 많은 사람에게 가치를 전하기도 했습니다. 그리고 이를 바탕으로 다양한 사업과 투자로 비즈니스를 확장하며 0에서 28만 명의 팔로워를 보유한 인플루언서이자 사업가로 자리 잡았습니다.

불확실성 속에서 시작된 도전인 만큼 여정은 쉽지 않았습니다. 그러나 수만 번 다시 생각해도 잘한 시작이었습니다. 실패와 역경에 많이 아파하기도 했지만 그만큼 강해졌기 때문입니다.

"당신의 삶은 당신이 '참고 싶은 만큼'이다." 개리 비숍의 말입니다. 직장이 싫거나 인간관계에 회의가 든다면 새로운 직장을 구하거나 인간관계를 정리할 수 있습니다. 운동량을 늘리고 식단을 조절할 수 있습니다. 나를 도와줄 전문가를 만나도 좋습니다. "환경이 사람을 만드는 것이 아니라, 환경은 그 사람을 드러낼 뿐"이라는 에픽테토스의 말처럼 당신의 변화는 외부가 아니라 당신 안에서부터 시작됩니다.

"늘 해오던 일만 하는 사람은 과거에 사는 것이다"라는 말처럼 미래로 가려면 기존의 틀을 깨야 합니다. 집을 나서지 않는다면 새로운 곳으로 갈 수 없습니다. 일상에서 벗어나야만 진정한 변화를 경험할 수 있습니다.

개리 비숍의 "당신은 당신의 생각이 아니라 당신의 행동이다"라는 말은 매우 중요한 진리를 담고 있습니다. 우리는 '나는 못 할 거야'라는 부정적인 생각에 얽매여 있지만, 그것을 벗어나 행동으로 나아가는 것이야말로 자신을 규정짓는 유일한 방법입니다. 성공을 위한 완벽한 답은 존재하지 않습니다. 중요한 것은 지금 시작하는 것입니다.

불확실성은 새로운 일을 시도할 때마다 반드시 마주하는 것입니다. 불확실성을 피하는 대신 그 속에서 기회를 찾아 도전하면 성장할 수 있습니다. 반복적인 도전 속에서 얻는 교훈이 결국 성장을 이끌기 때문입니다. '완벽하게 준비될 때까지 기다린다'라는 생각을 버리고 "나는 불확실성을 환영한다"라고 말하세요. 이것이 과거를 넘어 미래로 나아가는 첫걸음입니다.

당장 작은 행동부터 시작해 보세요. 무엇이든 시작하는 것이 중요합니다. 두려움을 이겨내고 한 걸음씩 내딛는다면 변화는 반드시 찾아옵니다. 당신의 삶은 이제 변화를 맞이할 준비가 되었습니다.

나는 나의 생각이 아니다.
나는 나의 행동이다.

076

크고 구체적으로 생각하라

『원씽』

평범한 생각을 하면 평범하게 벌고, 평범하게 삽니다. 나쁘다고 할 수는 없지만, 각자의 잠재력을 고려하면 1미터 이상의 크기를 가진 물고기를 20센티미터 길이의 어항에서 키우는 것과 같습니다. 우리가 진정으로 원하는 것은 그 좁은 어항을 벗어나 더 넓고 넓은 바다에서 자유롭게 헤엄치는 것입니다. 이 세상에서의 성장 가능성은 무한합니다.

게리 켈러Gary Keller의 『원씽』에 따르면 성과를 두 배로 늘리려면 구체적이고 도전적인 질문을 던져야 합니다. '가장 중요한 단 하나는 무엇인가?'라는 질문에 답하고, 그것에 온 에너지를 쏟는 것이 성공의 비결입니다.

나의 '원씽'이 '원하는 삶의 질을 유지하며 경제적 자유를 누린다'라면 경제적 자유를 위한 더 구체적인 질문을 던져야 합니다. 저 또한 사업에 뛰어든 후 끊임없이 질문을 던졌고, 그 질문에 대한 답을 찾아 실행하면서 큰 변화를 일으킬 수 있었습니다. 그 결과 18개월 만에 지난 18년 동안 번 것보다 더 많은 매출액을 달성했습니다. 제가 수입을 올리는 데 도움을 준 질문들을 소개합니다.

1. '내가 지금 벌고 있는 수입의 두 배를 벌려면, 어떤 행동을 먼저 바꿔야 할까?'

이 질문은 현재 나의 행동 패턴과 전략을 다시 검토하게 합니다. 어떤 부분을 개선하고, 어떤 부분을 과감히 잘라낼지 고민하게 만듭니다.

2. '지금까지의 수입을 합친 것보다 더 많은 돈을 1년 안에 벌기 위해 어떤 기회를 활용해야 할까?'

이 질문은 일정 기간 안에 목표를 달성하려면 어떤 전략적 접근을 해야 하는지 생각하게 합니다. 사업이나 투자 기회에 대한 구체적인 계획을 세울 수 있습니다.

3. '내가 벌고 싶은 금액을 현실로 만들려면 어떤 새로운

능력이나 지식을 배워야 할까?'

수입을 늘리려 할 때 필요한 기술이나 전략적 능력을 키우는 계획을 세울 수 있습니다.

4. '내가 제공하는 가치와 서비스에 대한 시장의 요구는 무엇이며, 어떻게 내 가치를 더욱 높일 수 있을까?'

내가 제공하는 제품이나 서비스의 가치를 새롭게 정의하고, 더 높은 가격을 받는 방법을 고민하는 질문입니다.

5. '내가 하는 일로 더 많은 사람에게 영향을 미치려면 어떤 방식으로 시간을 배분하고 우선순위를 정해야 할까?'

시간 관리와 우선순위 설정으로 더 많은 영향을 미치는 방법을 찾는 질문입니다. 사업과 목표에 더욱 집중하고, 다른 일에서의 방해 요소를 제거하는 법을 배울 수 있습니다.

이 질문들은 나의 현재 상황과 한계를 넘어서는 사고를 할 수 있게 해주고, 목표를 이루기 위한 구체적인 전략과 실천 계획을 세우는 데 도움을 줍니다. 핵심은 내가 원하는 목표가 무엇인지 명확히 하고, 그것을 실현할 방법에 대해 끊임없이 고민하며 집중하는 것입니다.

『원씽』은 진정 중요한 일에 집중할 때 성과를 거둘 수 있다는 메시지를 전합니다. 목표를 명확히 하고 그 목표에 집중한다면 어떤 어려움도 극복할 수 있습니다.

당신도 '어떻게 해야 할까?'라는 질문을 넘어서 '내가 지금까지 해왔던 것들과는 다른 무엇을 해야만 이 목표를 이룰 수 있을까?'라는 질문을 던져보세요. 그때 진정한 변화가 시작됩니다.

**나는 경제적 자유를 누리며,
가족과 원하는 삶을 살고 있다.**

077

짧게 집중적으로 일하라

『나는 4시간만 일한다』

저는 가난한 아르바이트생이던 20대에 팀 페리스의 『나는 4시간만 일한다』를 만났습니다. 그리고 이 책의 내용을 20년간 삶에 적용한 결과 지금은 북큐레이터, 화가, 작가로서의 활동을 이어가며, 사업가로서도 다양한 프로젝트를 이끌고 있습니다.

이 책의 내용 중 가장 와닿았던 내용은 '파킨슨의 법칙'입니다. 파킨슨의 법칙은 일을 마치는 데 걸리는 시간이 그 일에 할당된 시간만큼 늘어난다는 법칙입니다. 9시부터 6시까지 일한다고 생각해 보세요. 사실 그 일은 4시간이면 할 수 있는 일이지만, 우리는 자연스럽게 중간중간 쉬면서 6시까지 일을 하게 됩니다.

팀 페리스가 대학 시절 교수에게 리포트 제출 시간을 연장해 달라고 요청했을 때, 교수는 "사업가는 안 되는 일을 되게 하는 사람이 아니냐?"라고 물었다고 합니다. 이 말을 듣고 그는 올림픽 선수도 실격당할 만큼의 카페인을 섭취하며 24시간 만에 리포트를 작성했습니다. 그 리포트는 4년 동안 그가 쓴 리포트 중 가장 완성도가 높았다고 합니다.

우리는 종종 "시간이 없다"라거나 "시간이 부족하다"는 말을 합니다. 하지만 정말 그런가요? 시험을 앞두고 벼락치기 할 때를 떠올려 보세요. 마감 시한이 짧아지면 자연스럽게 더 집중하게 되지 않나요? 다른 모든 일도 마찬가지로 시간이 제한되면 효율적이고 집중적으로 해내게 됩니다.

저는 글을 쓰고 그림을 그리며 강의를 진행하는 작가이자 사업가입니다. 여섯 살, 일곱 살, 열 살, 열세 살 네 아이를 키우며 2000개가 넘는 콘텐츠를 제작하고, 다섯 권의 책을 썼습니다. 최근에는 지난 20년간 그린 189점의 작품을 전시했으며, 5.5미터에 달하는 대형 작품도 완성했습니다. 주 5회 이상 격투기를 배우며 체력을 관리하고, 주말마다 아이들과 함께 소중한 추억을 쌓아갑니다. 아이들은 다양한 나라에서 여러 경험을 쌓고 있습니다. 28만 명의 팔로워를 보유한 인플루언서로서 유튜브와 인스타그램을 운영하며 강의도 진행하고 있습니다. 또한 사업과 영적 성장을 위해 꾸준히 공부하고 배우는 시간을 갖고 있습니다.

이 모든 일을 할 수 있었던 이유는 바로 '선택과 집중'입니다. 매일 아침, 저는 가장 중요한 일 한두 가지를 선택합니다. 또한 마감 시한을 짧게 설정해 최대한 효율적으로 일을 끝내려고 합니다.

시간은 한정적입니다. 그러므로 시간을 단순히 주어진 대로 따라가는 것이 아니라, 시간을 능동적으로 설계하고 운영해야 합니다. 주어진 시간 속에서 최대의 가치를 창출하고, 원하는 삶을 설계하세요. 집중해 일하는 만족스러운 삶을 누리세요. 질질 끌려다니는 삶이 아니라, 스스로 디자인하는 라이프스타일을 창조해야 합니다. 시간은 결코 기다려주지 않습니다. 이제, 당신이 시간을 지배할 차례입니다.

나는 주어진 시간 안에서 내가 원하는 대로 살아간다.

078

노력의 80퍼센트를 덜어내라

『80/20 법칙』

데이비드 호킨스 박사는 책 『의식 혁명』에서 유명한 격언을 남겼습니다. "위대함은 이미 당신 안에 있다. 당신은 그저 필요 없는 부분을 버려야 한다."

이 말처럼 우리 안에 있는 충분한 잠재력과 가능성을 발휘하기 위해서는 불필요한 부분을 버려야 합니다. 그리고 그 필요 없는 부분은 80퍼센트에 달합니다. 왜 80퍼센트일까요? 바로 '파레토 법칙' 때문입니다. 파레토 법칙은 전체 결과의 80퍼센트가 원인의 20퍼센트에서 비롯된다는 개념입니다.

파레토 법칙을 자기계발과 사업에 적용해 성공을 거둔 리처드 코치Richard Koch는 그의 저서『80/20 법칙』에서 왜 우리가 80퍼센트를 버려야 하는지 이야기합니다.

코치는 대학에 입학했을 때 지도교수로부터 책을 끝까지 읽지 말고 요점부터 파악하라는 조언을 받았습니다. 책 한 권의 가치 80퍼센트가 사실 책의 20퍼센트 분량에 담겨 있다는 뜻이었죠. 리처드 코치는 이 방법으로 최고의 성적을 받았다고 합니다.

중요한 건 바로 '핵심'을 찾는 것입니다. 100퍼센트의 노력으로 100퍼센트를 얻는 게 옳은 계산처럼 보이지만, 사실 그렇지 않습니다. 100퍼센트의 노력 중 80퍼센트는 사실 하지 않아도 될 노력입니다.

100퍼센트의 결과는 마땅히 해야 할 20퍼센트의 노력으로 얻는다는 사실을 이해해야 합니다. 이를 깨달으면 해야 할 일은 명확하죠. 쓸모없는 80퍼센트의 노력을 버리고, 그 시간을 확보해 다른 결과를 만들 수 있는 20퍼센트의 일에 집중해야 합니다.

노력은 물론 중요합니다. 하지만 똑똑하게 노력하는 것이 더 중요합니다. 이유는 명확합니다. 당신의 몸은 두 개가 아니며, 노력의 총량도 타인의 두 배가 될 수는 없기 때문입니다. 80퍼센트를 버리고, 나머지 20퍼센트에 집중하세요. 성공은 그곳에 있습니다.

나는 80퍼센트를 버리고
20퍼센트에 집중하는 시간 부자다.

079

감정의 노예 vs. 감정의 주인

『생각의 법칙』

'왜 이렇게 화가 나는 걸까?' '내가 왜 이렇게 지쳐 있는 거지?' 살다 보면 이처럼 화가 나거나 스트레스를 받을 때가 있습니다. 이런 감정에 휘둘릴 때는 위험합니다. 사랑하는 사람에게 상처를 주거나 스스로를 다치게 할 수 있습니다. 이때 감정을 어떻게 다루느냐가 중요한데, '인생철학의 아버지' 제임스 알렌James Allen이 그의 책 『생각의 법칙』을 통해 그 방법을 알려줍니다.

알렌은 "생각이 곧 인생을 만든다"라는 원칙을 강조합니다. 우리가 어떤 생각을 하느냐에 따라 감정, 행동 그리고 궁

극적으로 삶의 결과가 달라진다고 합니다. 특히 감정은 생각에서 비롯되기 때문에 감정을 다스리려면 먼저 생각을 바꿔야 한다는 것이 핵심입니다.

많은 사람이 화가 나거나 스트레스를 받을 때 그 원인을 외부 환경에 둡니다. 그러나 알렌은 그보다는 감정을 어떻게 받아들이고 해석하느냐가 중요하다고 말합니다.

먼저 감정을 인정하고 받아들이는 것이 중요합니다. '지금 나는 험담 때문에 화가 나고 기분이 상했다'라는 감정을 인정하고 그대로 받아들여야 합니다. 그런 다음 '내가 왜 이렇게 화가 나는지, 왜 기분이 상하는지' 천천히 생각해 보세요. 이 과정을 통해 불쾌한 감정의 진짜 이유를 파악할 수 있습니다. 예를 들어 '나는 오해받는 게 힘들구나. 어릴 때부터 자주 오해를 받았구나'라는 깨달음을 얻을 수 있습니다.

이제 생각의 전환을 시도합니다. '저 사람이 나에 대해 험담을 했다고 해서 내가 나쁜 사람인 건 아니야. 그 사람이 나를 잘 알지 못할 수도 있고, 내 행동을 오해했을 수도 있지.' 이렇게 생각을 바꾸면 감정을 다루는 데 도움이 됩니다.

이때 긍정적인 면을 찾을 필요가 있습니다. '이 상황을 통해 내가 더 유연해질 수 있을 거야' 같은 생각을 하면 감정을 조금 더 긍정적으로 바꿀 수 있습니다. 이를 통해 더 나은 자신을 만들 수 있습니다.

마지막으로 감정을 행동으로 변화시키는 것이 중요합니다. 화가 난다면 심호흡을 하거나, 잠시 걷거나, 말을 줄이거나 할 수 있지요.

감정을 잘 다루는 사람, 즉 감정의 주인은 감정에 휩쓸리지 않습니다. 상황을 객관적으로 바라보며 차분히 대처합니다. 그러면 원래의 평온했던 나로 돌아올 수 있습니다. 이것이 바로 내면의 평화를 지키는 방법입니다.

우리가 삶을 어떻게 살아갈지 그 방향은 내면의 생각과 감정에서 시작됩니다. 감정에 끌려다니는 노예가 되지 마세요. 감정의 주인이 되어 긍정적인 변화의 첫걸음을 내딛기 바랍니다.

나는 내 감정의 주인이다.
어떤 상황이든 내 감정을 잘 다룰 수 있다.

080

맑은 날에 비가 올 날을 대비하라

『마쓰시타 고노스케, 길을 열다』

일본에서 '경영의 신'으로 불리는 경영자 마쓰시타 고노스케는 『마쓰시타 고노스케, 길을 열다』라는 책에서 우리가 어려움과 시련을 어떻게 바라보고 대처해야 하는지 비유를 통해 이야기합니다.

비가 내리면 먼저 우산을 씁니다. 우산이 없다면 비를 막을 수 있는 무엇이든 쓰겠지요. 그런데 가방도 없고, 외투도 없다면요? 그저 맞을 수밖에 없습니다. 짚고 넘어가야 할 부분이 있습니다. 비가 오는데 왜 우산이 없었을까요? 맑고 화창한 날에 비 올 날을 대비하지 않았기 때문입니다.

우리의 존재는 세상에 강하게 뿌리를 내리고 있지만, 비바람이 불면 심하게 흔들립니다. 힘든 일이 닥치면 매일 어떻게 헤쳐 나갈지 고민하느라 모든 시간을 써버리지요. 그러다가 이겨내지 못하고 부러지고 마는 사람도 있습니다.

비는 언제든 옵니다. 예고를 하고 올 수도 있지만, 대다수가 예고 없이 쏟아집니다. 그러니 맑은 날에는 비가 올 날을 대비해 두어야 합니다. 미처 준비하지 못한 채로 비를 맞이했다면 그 잠깐을 잘 견디고, 다음번에는 똑같은 실수를 하지 않겠다고 다짐하세요. 그리고 비가 그치고 나면 바로 다음 비를 대비하세요.

비가 올 때마다 두려워하지 마세요. 빗속에서 배우며 성장하세요. 다음번 비를 맞이할 준비를 철저히 하세요. 충분히 준비되었다면 다음 비는 기쁘게 맞이할 수 있습니다.

나는 항상 충분히 준비된 사람이다.

081

내려놓고 지나가기를 기다리는 마음

『될 일은 된다』

원하는 것을 이루기 위해서는 현실에 맞서 싸워야 할까요, 아니면 삶의 자연스러운 흐름에 몸을 맡겨야 할까요?

마이클 싱어의 베스트셀러 『될 일은 된다』는 40년간의 '내맡기기 실험'을 통해 인생의 흐름에 항복하고 모든 것을 맡겼을 때 어떤 변화가 일어나는지 보여줍니다.

싱어는 모든 일을 자신이 설계한 대로 이루어지게 하려고 모든 것을 통제하는 시도가 삶의 흐름을 방해한다고 말합니다. 마음속에서 현실을 바꾸려는 욕망과 두려움이 얽히면, 우리는 내면의 평화를 잃게 됩니다. 평화를 얻기 위해 무엇을 해야 할까요? 내맡겨야 합니다.

'내맡기기'란 첫째, 현실을 있는 그대로 받아들이는 것입니다. 둘째, 삶이 우리에게 주는 모든 것을 신뢰하는 것입니다. 싱어는 명상과 요가를 통해 자기중심적인 생각과 감정을 내려놓고 삶의 자연스러운 흐름을 받아들였습니다. 그 결과 진정한 내면의 평화와 자유를 경험했다고 하지요.

그는 이 과정을 통해 평범한 대학원생에서 《뉴욕타임스》 베스트셀러 1위 작가로 성장했습니다. 그가 했던 일은 단 하나, 자기 뜻대로 되어야 한다는 욕심을 내려놓고 매 순간 삶의 흐름을 신뢰하는 것이었습니다. "내가 설계한 삶이 아닌, 나를 위해 설계된 삶에 둘러싸인다"라는 그의 말처럼요.

저도 실수로 3년 동안 삶이 산산조각 나는 시간을 보냈습니다. 할 수 있는 일이 아무것도 없어서 답답한 마음에 자주 하늘을 바라보며 걸었습니다. 그리고 지금 할 수 있는 일을 꾸준히 해나가자고 마음먹었습니다. 네 아이와 보내는 시간에 집중했습니다. 밥을 하고, 청소를 하고, 아이들이 노는 모습을 바라보며 하루하루를 보냈습니다. 외부의 상황을 제어할 방법은 없었기에 제 마음을 돌보는 것이 최선이었습니다. 분노, 복수심, 배신감으로 가득 찬 마음을 다스리며 반복해서 "두려움아, 고마워. 내 삶아, 고마워. 미안합니다. 용서

해 주세요. 감사합니다. 사랑합니다"라고 말했습니다. 그리고 모든 것이 잘되어 가고 있다고 믿기를 선택했습니다. 그 결과 삶이 저를 그 어느 때보다 아끼고 사랑한다는 것을 확신하게 되었습니다. 그 이후로 모든 것이 점차 나아지기 시작했습니다. 이제는 어떤 악플을 보아도 오래 아프지 않습니다. 내면이 단단해지고 편안해졌기 때문입니다.

어쩌면 당신도 지금 힘든 시기를 보내고 있을지 모릅니다. 불확실함과 걱정이 마음속을 차지하면 참 힘들지요. 하지만 두려움은 평화를 방해할 뿐입니다. 이럴 때 제가 드릴 수 있는 조언은 걱정을 내려놓고 삶을 신뢰하라는 것입니다.

시간이 지나면 모든 것은 자연스럽게 해결됩니다. 가장 좋은 때에 가장 좋은 것이 옵니다. 지금 이 순간에도 삶은 당신을 위해 무언가를 준비하고 있습니다. 시간이 지나면 삶이 준 선물을 알아차리게 될 것입니다.

삶은 나를 아끼고 사랑한다.
가장 좋은 때에 가장 좋은 것이 온다.

082

똑같은 생각을 해도
잘 풀리지 않는 이유

『에너지 버스』

왜 같은 상황에서 누구는 잘되고 누구는 잘되지 않는 걸까요? '잘못된 방식'으로 생각하기 때문입니다. '내 아이디어는 왜 사람들에게 인정받지 못할까?'라고 부정적으로 생각하면 그 에너지는 아무것도 끌어당기지 못합니다. 하지만 '이 아이디어는 정말 좋은 기회를 만들 거야! 사람들도 분명히 좋아할 거야'라고 긍정적으로 생각하면 그 에너지는 사람과 기회를 끌어당깁니다. 에너지는 긍정적인 생각을 만날 때 더 큰 힘을 발휘합니다.

존 고든Jon Gordon의 『에너지 버스』에서는 삶에서 가장 중요한 교훈은 단순하다고 말합니다. 아침에 일어나서 웃으며 사람들과 인사를 나누고, 사랑하는 사람들을 기쁜 마음으로 한 번 껴안아 주는 것, 하루가 끝날 때는 내가 꿈을 향해 얼마나 나아갔는지 되돌아보고 감사하는 것. 이 모든 긍정이 에너지가 됩니다.

후회 없는 삶을 위해서는 긍정에 기대어 살아야 합니다. 긍정은 또한 열정을 만듭니다. 그렇게 삶과 일에 열정을 가지면 사람들은 불빛을 향해 달려드는 나방처럼 당신을 향해 자연스럽게 몰려들 것입니다. 이것이 성공으로 이어집니다.

당신의 인생은 당신이 운전하는 것입니다. 내 삶의 운전대를 잡지 않으면 다른 사람의 삶에 눈치를 보며 불편하게 끼어 탈 수밖에 없습니다. 집중하고, 긍정적인 에너지를 끌어당기며, 자신만의 목적지로 달려가세요. 그때 진정한 행복과 성공이 따라올 것입니다.

**나는 매일 조금씩 성장하는 나에게 감사하며
더 큰 성장을 기대한다.**

(083)

행복은 관점의 문제

『행복의 힘』

매일 반복되는 직장 생활, 힘든 육아, 세금에 대한 불만, 관계에서의 스트레스 등은 누구나 겪는 현실의 문제입니다. 우리는 이런 문제를 마주하면 '왜 내게는 행복이 주어지지 않지'라고 생각하지만, 조엘 오스틴Joel Osteen 목사는 저서 『행복의 힘』에서 행복은 누군가가 우리에게 주는 것이 아니라 자기 자신이 선택하는 것이라고 말합니다.

힘든 현실도 관점을 바꾸면 행복으로 해석할 수 있습니다. '오늘도 출근해야 해'라는 생각을 '오늘 할 일이 있어서 감사하다'라는 생각으로 바꿀 수 있습니다. '아이들을 돌봐

야 한다'라는 생각을 '아이들은 하늘이 보내준 특별한 선물'
이라는 생각으로 바꿀 수 있습니다. 제 수강생 중 한 분은 휴
대전화의 남편 이름을 '사망보험금'으로 저장할 정도로 부부
사이가 나빴습니다. 그러나 제 강의를 듣고 남편의 저장명을
'감사와 축복'으로 바꾸었지요. 그 결과 부부 사이는 극적으
로 좋아졌고, 삶은 훨씬 행복해졌습니다.

지금 가진 게 아무것도 없고, 인생에 불행한 일만 가득하
다고 느낀다면 종이를 한 장 가지고 와서 가운데에 세로로
줄을 그어보세요. 그리고 한쪽에는 자신이 가지고 있는 것,
잘된 일을 적어보세요. 그리고 나머지 한쪽에는 나를 괴롭게
하는 일을 적어보는 겁니다.

가족이 많이 아파 힘든가요? 감사하게도 가족은 건강하
다고요? 그렇다면 가지고 있는 것에 '건강한 가족'을 적을
수 있겠네요.

당장 내일 밥 먹을 돈이 없어 걱정이라고요? 다행히도 그
렇지는 않다고요? 그렇다면 그 밑에 '맛있는 밥을 먹을 수
있을 만큼의 돈'을 적을 수 있겠습니다.

머무를 집이 없어 매일 걱정이군요. 돌아갈 집이 있다고
요? 그렇다면 마지막으로 '따뜻한 보금자리'를 적어보세요.

이런 식으로 관점을 두려움과 불편에서 감사와 행복으로

옮기는 것입니다. 이렇게 내가 이미 가진 것을 복기하다 보면, 괴롭게 하는 일도 잘 이겨낼 수 있습니다. 가진 것이 이렇게 많은데 무서울 것이 있나요.

행복은 멀리 있지 않습니다. 지금 안 좋은 면을 뚫어져라 보고 있는 시선을 조금만 돌려보세요. 사소한 관점의 전환이 결국 우리를 더 행복하고 강한 사람으로 만들어줍니다.

이미 필요한 모든 것을 다 가졌다.

084

저축은 미래의 나에게 송금하는 것

『댄 애리얼리 부의 감각』

돈과 관련된 의사결정은 금전적인 문제를 넘어서 우리 삶의 가치관과 방향성을 결정하는 중요한 과정입니다. '시간을 어떻게 쓸 것인가' '경력관리는 어떻게 할 것인가' '인간관계를 어떻게 발전시킬 것인가' 등의 질문에 대한 답은 돈을 사용하는 방식에 영향을 받습니다. 결국 돈 쓰는 방법은 우리가 세상을 어떻게 바라보고 무엇을 중요하게 생각하는지를 나타내는 지표가 됩니다.

이토록 중요한 '돈'을 모으는 방법은 간단합니다. 지출을 줄이고, 저축을 늘리는 것이죠. 이 과정이 생각보다 어려운 이유는 우리가 저축의 중요성을 진심으로 느끼지 못하는 데 있습니다.

『댄 애리얼리 부의 감각』에서도 저축이 어려운 이유를 '왜 돈을 모아야 하는지에 대한 이유를 알지 못하기 때문'이라고 설명합니다. 저축은 미래를 위한 행동이지만, 우리는 알지 못하는 '미래의 나'를 위해 현재의 돈을 저축해야 한다는 사실을 납득하지 못합니다. 그래서 저축을 하려면 미래의 자아와 친밀하게 연결되어야 한다는 것입니다.

이 문제를 해결하는 방법은 간단합니다. 미래의 나를 구체적이고 친근한 존재로 상상하고, 그가 원하는 것을 지금부터 준비하는 것입니다. 10년 후, 20년 후, 30년 후의 내가 원하는 것과 좋아하는 것을 상상하고, 그가 좋아할 만한 행동을 해보세요.

미래의 내가 건강을 중요하게 여긴다면 미리 헬스클럽 회원권을 사거나 건강 검진을 예약해 둘 수 있습니다. 여행을 좋아하는 미래의 나를 위해 미리 원하는 여행지의 비행기 티켓을 구매할 수도 있겠지요. 독서를 좋아한다면 미래의 내가 읽고 싶을 만한 책을 미리 구매해 선물하는 것도 좋은 방법입니다.

이렇게 미래의 나와 연결되는 행동을 하면 저축이 즐거워집니다. 의미 없고 고통스럽기만 한 일이 아니라, 미래의 나를 위한 중요한 투자라고 생각해 보세요. 시선을 미래로 두고, 그가 원하는 것을 조금씩 이루어가며 오늘을 살아가면 저축은 자연스러운 일이 됩니다.

돈을 버는 것은 미래를 위한 일입니다. 물론 지금 당장 생활비가 필요해서일 수도 있지만 그게 전부는 아닙니다. 지금의 나만 위하지 말고 미래의 나도 생각해 주어야 합니다. 미래의 나를 위한 선물들을 조금씩 준비해 나가세요. 일하지 않고 쉬고 싶은 미래의 나에게 오늘 조금씩 저축해서 일을 하지 않아도 될 자유를 선물하는 거죠.

저축을 미래의 나에게 선물하는 방식으로 생각하면 돈 모으는 일이 부담이 아닌 나를 위한 투자로 느껴질 것입니다. 지금의 내가 미래의 나에게 행복을 선물하는 일이 바로 저축입니다.

나는 미래의 나에게 충분한 휴식과 자유를 선물했다.

085

상처받을 바에는
둔감해져라

『나는 둔감하게 살기로 했다』

많은 사람이 사회생활에서 가장 힘든 것은 '일'이 아니라 '사람'이라고 말합니다. 마음이 맞지 않는 가족, 잔소리하는 상사, 나를 험담하는 동료, 시기하는 친구에게 받은 스트레스로 밤잠을 설친 적이 있을 것입니다. 이런 스트레스는 두통이나 불면증과 같은 신체적 증상으로 이어지기도 합니다.

우리는 매일 많은 사람과 만나며 살아갑니다. 그럴수록 타인의 비판이나 칭찬에 과도하게 신경을 쓰게 되죠. 이때 필요한 것이 '사소한 일을 마음에 담지 않는 습관'입니다. 소설가 와타나베 준이치는 『나는 둔감하게 살기로 했다』에서 힘든 일이 생겨도 다시 일어서는 힘인 '둔감력'을 기르라고 강조합니다. 사소한 일에 민감하게 반응하면 불행해지기 쉬우니 차라리 아예 둔감해지라는 것입니다. 조금 상한 음식을 먹어도 괜찮을 만큼 장과 면역력이 좋은 사람처럼 비난을 들어도 아무렇지 않도록 말이지요.

둔감력을 가진 사람은 '모든 일이 뜻대로 되지 않는 것이 당연하다'라는 마음가짐을 가집니다. 일이 잘 풀리지 않더라도 실망하지 않고 그것을 자연스럽게 받아들입니다. 이렇게 마음을 비우면 스트레스를 줄이고 더 행복해집니다. 내가 원하는 대로 되지 않더라도 별로 신경 쓰지 않고 해야 할 일을 해나갈 수 있습니다. 내 인생에서 잘 되어가는 것을 찾아 감사하는 태도 또한 가질 수 있지요.

둔감력은 타인의 시선에 흔들리지 않는 강력한 능력입니다. 직장이나 인간관계에서 비판을 받아도 개인적인 공격으로 받아들이지 않고 "그건 너의 의견일 뿐"이라고 간단히 넘길 수 있는 능력입니다. 무엇보다 '지금의 나는 이런 사람이지만, 내가 원하는 대로 바뀔 수 있다'라는 마음으로 삶을 받아들이는 능력입니다.

이런 마음가짐은 단순히 스트레스를 줄이는 것을 넘어서 삶의 모든 순간을 더 자유롭고 강하게 만들어줍니다. 즉 둔감력은 작은 일에 휘둘리지 않고, 예상치 못한 상황에도 유연하게 대처하는 힘입니다. 둔감력이 있을 때, 우리는 더 이상 타인의 평가나 비판에 흔들리지 않고 자신만의 행복을 창조할 수 있습니다.

나는 감정을 잘 다스리는 사람이다.

086

나를 사랑하는 길로 향하는
작은 한 걸음

『행복한 이기주의자』

"넌 이기적이야"라는 말을 들으면 불쾌합니다. 기분 상하지요. 하지만 이런 말을 들으면 무의식적으로 상대방을 기쁘게 하려고 애쓰게 됩니다. 일도 도와주고 시간이 날 때마다 최선을 다해 기대를 맞춰주려 합니다. 그렇게 100번을 하다가 한 번 못 하게 되면 돌아오는 건 고마움은커녕 비아냥과 "넌 결국 이기적인 사람이야"라는 비난인 경우가 많습니다. 여기서 무엇이 잘못된 걸까요?

사실 "넌 이기적이야"라고 말하는 그 사람이 제일 이기적인 사람입니다. 자신의 요구와 기대가 항상 우선시되어야 한다고 생각하고, 그걸 맞춰주지 않으면 비난하며 자신만의 기준을 강요하는 것이니까요. "넌 이기적이야"라는 말에도 기대에 부응하지 않아 실망했다는 뜻이 숨어 있습니다.

이런 말을 하는 사람의 진짜 의도는 상대방을 죄책감에 빠트려서 자기 뜻대로 조종하려는 것입니다. 가스라이팅이지요. 그러니 이런 경우에 처했다면 당신의 잘못이 아닙니다. 그 사람이 자기중심적이고 타인을 존중하지 않는 이기적인 사람일 뿐입니다.

존경받는 심리학자 웨인 다이어Wayne Dyer는 그의 저서 『행복한 이기주의자』에서 내 마음을 잘 살피고, 내 생각을 알고, 내면의 소리에 따라 행동해야 한다고 합니다. 그는 이렇게 스스로 행복하고 소중한 존재가 되는 능력이 있는 사람이 똑똑한 사람이며 '행복한 이기주의자'라고 이야기합니다.

행복한 이기주의자가 되려면 먼저 자신을 사랑해야 합니다. 많은 사람이 '나를 사랑한다'라는 개념을 이론적으로만 이해하고, 실제로는 어떻게 해야 할지 몰라 고민하죠. 이런 상황에서는 평소 나의 생각을 주의 깊게 들여다볼 필요가 있습니다.

누군가의 말이나 행동이 불편하다면 그것이 왜 불편한지, 자신이 왜 그런 반응을 보이는지 스스로에게 질문을 던져보세요. 예를 들어 '내가 도와줬는데 왜 비난을 받을까?'라는 질문을 해보는 것이죠. 그렇게 하면 자신을 돌아보는 기회를 가질 수 있습니다.

또한 타인의 요구를 거절하거나, 내 의사를 표현하는 것이 결코 잘못된 일이 아님을 기억해야 합니다. 내 시간을 소중히 여기고, 나의 필요와 감정을 존중하는 것은 이기적인 것이 아니라 자기 존중의 표현입니다.

다른 사람의 요구를 충족시키는 데만 집중하고 그 과정에서 자신을 돌보지 않는 사람은 결국 비참해집니다. 반면 자신의 한계를 알고 "지금은 할 수 없다"라고 단호히 거절하는 사람은 더 건강하게 스스로를 돌보며, 장기적으로 더 나은 관계를 유지할 수 있습니다. 다음의 대화 방식을 기억하세요.

친구: 너 이번에도 나 도와줄 수 있지?

나: 아니, 이번엔 안 돼. 먼저 해야 할 일이 있어.

친구: 너 정말 이기적이구나.

나: 너에겐 부탁할 권리가, 나에겐 거절할 권리가 있어. 지금은 시간이 조금 부족해. 내 일을 먼저 처리할게.

웨인 다이어는 또한 우리가 자신도 모르는 사이에 자신을 욕하거나 평가절하하는 부정적인 생각에 빠질 수 있다고 말합니다. 그럴 때 우리는 이렇게 생각해야 합니다.

'또 나를 깎아내리는 말을 했어! 다시는 하지 않을 거야.'

자기 자신을 사랑하는 사람은 부정적인 생각을 인식하고, 그 생각을 긍정적인 방향으로 바꿉니다. 이때야말로 진정한 자기 사랑의 길이 열립니다.

나는 이 우주에서 단 하나뿐인 존재입니다. 이 많은 사람 중, 나 같은 모양의 지문을 가진 사람은 나 하나뿐이죠. 이처럼 유일한 나 자신을 사랑하지 않을 이유가 있을까요? 그러니 오늘 하루 고생한 나 자신에게 이렇게 말해주세요.

"고생했다. 고맙다. 사랑한다."

너에겐 부탁할 권리가, 나에겐 거절할 권리가 있다.

087

부를 끌어당길 때 주의할 것

『조셉 머피 부의 초월자』

'잠재의식의 아버지'로 불리는 성공학 구루 조셉 머피 Joseph Murphy 박사는 『조셉 머피 부의 초월자』에서 4단계의 방법으로 우리의 잠재의식에 부의 개념을 심을 수 있다고 말합니다.

1단계, 부는 무한하게 샘솟는 것임을 이해해야 합니다. 모든 세상, 우리의 존재를 포함한 모든 것이 생명의 원리에서 비롯되었습니다. 동식물과 사물 모두 생명력에서 출발하고, 돈도 마찬가지입니다. 생명력은 부를 창조하는 힘이기 때문에 부가 무한하게 흐를 수 있다는 사실을 인식하는 것이 첫 번째 단계입니다.

2단계, 잠재의식에 부를 표출하라고 압박해야 합니다. 아이디어를 반복해서 생각하고 그것이 실현될 것이라고 믿으며 기대하면 이 아이디어는 잠재의식에 전달됩니다. 이때 중요한 것은 확언입니다. 내가 이미 부를 가질 권리가 있다는 사실을 확언을 통해 잠재의식에 깊이 새겨야 합니다.

3단계, 다음의 확언을 매일 5분 동안 반복합니다.

"나는 지금 잠재의식에 '무한한 부'라는 아이디어를 쓰고 있습니다. 내가 필요로 하는 것들이 생명력에서 솟아납니다. 생명력은 곧 생명의 원리입니다. 내 안에 생명의 원리가 살아 있음을 알고 있습니다. 내게 필요한 것은 언제 어디서나 충족됩니다. 무한한 부가 막힘없이 흘러들어 와 경험으로 발현됩니다. 나는 무한한 부를 경험하며 끊임없이 순환하는 부에 감사합니다."

4단계, 결핍의 생각을 번영의 생각으로 바꿔야 합니다. '돈이 없어' '여유금이 없어서 아무것도 할 수 없어'와 같은 결핍의 생각을 멈추고, 다음과 같은 확언으로 사고의 방향을 틀어버립니다.

"생명력은 내가 필요로 하는 것을 바로 마련해 줍니다. 그래서 부족할 일이 절대 없습니다. 필요한 돈은 모두 마련됩니다."

우리가 기억해야 할 중요한 점은 잠재의식이 우리가 보내는 메시지를 그대로 받아들인다는 사실입니다. 부정적인 생각과 말은 당신의 가능성을 제한하고, 긍정적이고 풍요로운 메시지는 당신을 더 큰 성공으로 이끕니다.

지금 바로 긍정적인 생각을 선택하고, 부를 끌어당기며 무한한 가능성을 믿으세요. 당신의 삶은 당신의 생각에서 시작됩니다. 원하는 삶을 만들어가는 힘은 바로 당신 안에 있습니다!

**왜인지 모르지만 필요한 돈이 모두 마련되었다.
감사하다.**

088

사다리를 오르며 소망을 이룬다

『네빌 고다드 5일간의 강의』

네빌 고다드Neville Goddard는 책 『네빌 고다드 5일간의 강의』에서 현실을 창조하는 강력한 방법인 '사다리 타기 심상화'를 소개합니다. 이 방법으로 한 달 만에 매월 3000만 원을 벌기 시작해 결국 30억 원을 벌어들인 사람도 있습니다. 이 돈은 현재 가치로 따지면 100억 원이 넘는다고 하니 굉장한 일입니다. 이 실험은 우리의 현실을 창조하는 무의식의 강력한 힘을 보여줍니다.

사다리 타기 심상화는 간단한 방법입니다. 우선 눈을 감습니다. 그리고 눈앞에 사다리를 그린 후, 그 사다리에 실제로 올라가는 것을 느끼는 것입니다. 이 사다리에는 무슨 의미가 있을까요? 우리에게는 이런저런 소망이 있습니다. 시험에 합격하고자 하는 소망이 있다고 가정해 볼까요? 그러면 '시험에 합격하는 것'이 바로 '사다리를 오르는 것'입니다. 반대로 말하면 사다리를 오르는 것은 시험에 합격하는 것이며, 사다리를 오르는 상상은 시험에 합격하는 상상을 의미합니다.

의식을 늘 소망에 집중하면 좋겠지만 쉽지 않습니다. 내면의 소음이나 외부의 충격으로 흔들리기 마련입니다. 이럴 때에 사다리를 올라가는 그 장면 속으로 의식을 돌려놓아야 합니다. 사다리를 오르며 의식이 견고해져 현실에서도 드러날 수 있도록 하는 것입니다.

이때 감각을 온전히 느끼려고 애를 쓸 필요는 없습니다. 자연스럽게, 당연한 듯이 올라가세요. 단지 사다리를 올라감으로써 소망이 이루어졌다는 감정을 느끼고 "감사합니다"라는 말을 반복하면 됩니다. 원하는 바를 이루었으니 감사한 마음이 드는 것이 당연하겠지요

이때 상상과 무의식이 목적에만 집중한다는 사실을 기억해야 합니다. '나는 암에 걸리지 않을 거야'라고 생각하면 '암'에 집중하게 되고, '나는 폭력에 반대해'라고 생각하면

'폭력'에 집중하게 됩니다. 그러니 '나는 건강하게 살 거야' '나는 평화주의자야' '나는 풍족하게 살 거야' 같이 긍정적인 목적에 집중하는 방식으로 의식을 바꿔야 합니다.

저는 상상이란 신의 눈으로 세상을 바라보는 것과 같다고 믿습니다. 때로는 상상이 현실에 이뤄지기까지 길게 느껴질 수 있지요. 그러나 불평하지 마세요. 기다리면 반드시 꽃은 피어납니다.

이미 이루어졌다고 믿고 상상하면 곧 현실로 다가옵니다. 신이 이미 이루어진 일을 바라보듯이, 당신도 이미 원하는 것을 이루었다고 믿고 그것을 상상하세요. 그러면 그 상상은 곧 현실이 되어 당신의 삶에 나타날 것입니다. '이미 이루었다'라는 생각이 현실을 창조해 낸 것입니다.

이루고 싶은 목표가 있다면 오늘부터 그 목표를 이미 이룬 사람처럼 상상하고, 그 감정을 마음껏 느끼며 감사하세요. 그 상상은 현실이 되어 당신의 삶에 나타날 것입니다.

나는 이미 원하는 모든 것을 이루었다.

089

사랑은 나다워지는 것

『살며 사랑하며 배우며』

레오 버스카글리아Leo Buscaglia 교수의 『살며 사랑하며 배우며』는 제 인생에서 중요한 책입니다. 20대부터 지금까지 삶의 고비마다 이 책을 읽으며 나아갈 힘을 얻었습니다. 특히 이 책의 "사랑이란 나의 본래 모습을 되찾도록 돕는 과정일지도 모른다"라는 말에 깊이 공감했습니다.

사랑은 우리를 '진정한 나'로 되돌아가게 합니다. 오래 연락하고 지내는 사람과는 정말 편하고 좋습니다. 그 사람 앞에서 나는 자연스럽게, 나답게 행동할 수 있기 때문입니다. 반면 평가와 비난을 일삼는 사람은 꼴도 보기 싫습니다. 어렵고 불편하기 때문입니다.

이처럼 사랑은 나다워지는 여정입니다. 우리는 외부의 기대나 타인의 평가에 맞추며 자연스러운 내 모습을 잃곤 합니다. 하지만 사랑하는 사람과의 관계에서 잃어버렸던 나를 다시 찾게 되지요. 내가 나답게 될 수 있고, 그가 그답게 될 수 있는 것이야말로 사랑의 진정한 아름다움입니다.

사랑을 통해 나 자신을 이해하고, 내면의 잠재력을 발견하며 더 나은 삶을 살 수 있습니다. 인간관계는 의무나 타인의 기대에 맞추려 하면 생지옥이 되지만 진심으로 소통하고 서로 존중할 때는 천국이 됩니다. 즉 인간관계의 본질은 서로를 진정으로 이해하고 나누는 것입니다.

하지만 사랑은 종종 두려움을 불러옵니다. 우리는 버림받을까 두려워하고, 인정받지 못할까 불안해하죠. 그 두려움을 극복할 수 있다면 얼마나 좋을까요? 유튜버 밀라논나가 매일 암송하는 메리 델 발Merry del Val 추기경의 '겸손의 기도문'이 도움이 될 것 같아 소개합니다.

존경받고 싶은 욕망에서 저를 해방하소서. 사랑받고 싶은 욕망에서, 칭찬받고 싶은 욕망에서, 인기 얻고 싶은 욕망에서, 대우받고 싶은 욕망에서, 위로받고 싶은 욕망에서, 인정받고 싶은 욕망에서 저를 해방하소서. 천대받을까 두려워하는 마음에서, 업신여김 받을까 두려워하는 마음에서, 잊혀질까 두려워하는 마음에서, 조롱당할까 두려워하는 마음에서, 의심받을까 두려워하는 마음에서 저를 해방하소서. 모든 이에게 모든 것이 되기 위해서 저를 해방하소서.

이 기도문은 욕망과 두려움에서 벗어나 진정한 나를 찾게 도와줍니다. 사랑은 그 자체로 용기입니다. 사랑을 선택하고 본래의 사랑 많은 나로 돌아갈 때, 우리는 더 강하고 진정한 자신을 만날 수 있습니다. 용기를 내어 사랑을 선택하고 내면의 두려움과 불안을 극복하며 사랑을 실천해 보세요. 그 여정 속에서 내면의 자유와 마음의 평온을 얻을 것입니다.

나는 오늘도 사랑을 선택한다.

090

작은 일에도 열정을 쏟아라

『무엇을 아끼고 어디에 투자할 것인가』

성공한 억만장자들의 말과 행동을 관찰한 작가 사친 처드리Sachin Chowdhery는 이들의 공통점을 정리하여 『무엇을 아끼고 어디에 투자할 것인가』를 썼습니다. 특히 세계 3대 투자자 중 한 명인 짐 로저스와의 만남에서 큰 영감을 받았다고 합니다.

부자와 가난한 사람의 마인드는 무엇이 다를까요? 처드리는 '돈을 늘릴 방법을 고민하는가, 아니면 돈이 늘어나길 바라는가'의 차이라고 말합니다. 부자들은 어떻게 하면 더 벌고, 더 모으고, 더 불릴 수 있을지 고민하지만, 가난한 사람들은 막연하게 '로또가 당첨되었으면 좋겠다'라거나 '연봉이 올랐으면 좋겠다'라고 생각합니다. 결국 열정의 유무인 것이지요.

책에서는 이처럼 열정 있는 부자들의 여러 특징을 소개하는데, 그중 제가 가장 고개를 끄덕이며 읽은 부분은 매우 보편적이지만 실제로 잘 실천하지 못하는 방법에 대한 내용이 있었습니다. 바로 '큰 목표를 정하고, 이를 작은 목표로 나누는 것'입니다.

예를 들어 큰 목표가 '내 집 마련'이라면, 작은 목표는 '매월 50만 원씩 절약' 정도로 잡을 수 있겠지요. 그리고 이 작은 목표를 위한 계획을 짜는 것입니다. '술 마시는 횟수를 줄인다' '담배를 끊는다' '커피는 집에서 마신다' 같은 계획이 그 예입니다. 처드리는 이 과정이 매우 중요하다고 말합니다. 작은 목표를 하나씩 달성하다 보면, 결국 큰 목표도 자연스럽게 이루어지기 때문입니다.

부와 성공은 기다린다고 찾아오는 것이 아닙니다. 목표를 설정하는 이유도 바로 그 때문입니다. 목표를 세우고 구체적인 계획을 세워 실천하는 것은 부와 성공을 내게 데려오는 방법입니다.

지금 바로 서 있는 자리를 박차고 나와 큰 목표를 이룰 계획들을 만들고 하나하나 실천해 나가세요. 그 끝에는 반드시 원하는 부가 기다리고 있을 것입니다.

나는 매일의 작은 승리를 통해 큰 성공을 이룬 사람이다.

091

집중은 하루의 첫 90분에 하라

『변화의 시작 5AM 클럽』

우리는 모두 천재성과 잠재력을 지니고 있습니다. 그런데 왜 그 잠재력을 발휘하지 못할까요? 이유는 간단합니다. '바쁨'에 지배되고 있기 때문입니다. 매일 많은 일에 쫓겨 정말로 중요한 일을 미루다 보니 성장과 변화의 기회를 놓쳐버리는 것입니다.

세계 최고의 리더십 전문가 중 하나인 로빈 샤르마Robin Sharma의 말입니다. "진정한 성공을 원하는 사람들은 시간을 낭비하지 않는다." 성공한 사람들은 시간을 지배하고, 집중을 통해 성과를 이끌어낸다는 의미입니다.

샤르마는 책 『변화의 시작 5AM 클럽』에서 '90/90/1 룰'을 제시합니다. 90일 동안 하루의 첫 90분을 가장 중요한 하나의 목표에 집중하는 것입니다. 이 방식으로 생산성을 극대화할 수 있습니다. 아침의 집중력은 그 무엇보다 강력하기 때문에 이 시간을 제대로 활용하는 것이 중요합니다.

이때 몰입 보호막을 설정하여 외부 방해 요소들을 차단하고, 진지하게 중요한 일에만 집중하는 환경을 만들 필요가 있습니다. 스마트폰, 이메일 그리고 주변의 소음이 우리의 집중을 방해하지 않도록 스스로를 보호해야 합니다.

주변 사람의 영향력도 매우 중요합니다. 당신의 목표와 가치를 이해하고 함께 성장할 수 있는 사람들과 시간을 보내세요. 원하는 수준에 맞는 사람들과 함께하세요. 그들의 태도와 에너지는 곧 당신의 행동과 성과로 이어집니다. "고성능을 원하는 사람들과 함께하라"는 샤르마의 조언을 실천하세요. 이들이 당신의 성공에 불을 지필 것입니다.

또한 성공하는 사람들은 복잡함을 거부하고 자신에게 중요한 일에 집중합니다. 불필요한 일은 과감히 제거하세요. 정말로 중요한 일에 집중하는 법을 배워야 합니다.

마지막으로, 언어의 힘을 믿으세요. 언어는 생각과 행동을 바꾸는 강력한 도구입니다. 부정적인 언어는 창의력과 생산성을 떨어트립니다. 그래서 과거의 실패보다는 미래의 목표와 동기부여에 중심을 두고 대화해야 합니다. 많은 사람이 무의식적으로 부정적인 언어를 사용하지만, 원하는 삶을 사는 데 전혀 도움이 되지 않습니다. "안 될 거야"보다는 "잘할 수 있어"라고 말하며, 중요한 일에 집중할 수 있도록 스스로를 격려하세요.

당신의 시간은 중요한 투자 자원입니다. 시간을 어떻게 쓰느냐가 결과를 결정합니다. 시간을 어떻게 쓸 건가요? 지금 결정해야 합니다. 삶을 주도적으로 변화시킬 때입니다. 성공은 지금 당신의 손에 달려 있습니다.

나는 나를 응원하는 성공한 사람들과 함께 성장한다.

092

돈도 나를 사랑한다

『치유』

루이스 헤이Louise Hay는 제 롤모델 중 하나입니다. 저는 루이스 헤이, 틱낫한 스님, 마더 테레사 수녀님, 레오버스카 글리아, 아니타 무르자니와 같은 글을 써보고 싶은 마음이 있습니다.

헤이는 힘든 유년 시절을 보냈습니다. 새아버지의 폭력, 이웃의 성폭력도 모자라 경제대공황으로 어릴 때부터 힘든 노동에 시달렸습니다. 결국 15세에 가출한 헤이는 웨이트리스로 지내다 임신을 했습니다. 자존감이 낮아 다가오는 남자에게 쉽게 마음을 열었기 때문이죠. 꽃다운 열여섯 살에 아이를 낳은 그녀는 아이를 키울 수 없어 입양을 보냈습니다. 이후 집으로 돌아와 어머니와 동생과 함께 새아버지를 떠나 시카고에서 패션모델로 일하기 시작했지만 재혼한 남편의 외도로 다시 어려움을 겪으며 마음공부를 시작했습니다. 그리고 암이 발병하자 의학적 개입 없이 이겨내기로 결심했지요. 결국 자기 사랑과 생각의 변화로 병을 이겨낸 헤이는 전 세계 5000만 명의 삶을 바꾼 영성과 자기계발 분야의 권위자이자 베스트셀러 작가가 되었습니다.

헤이는 몸과 마음에 나타나는 질병이나 고통이 결국 우리의 감정적 상처와 불안의 결과물이라고 말합니다. 또한 "모든 질병은 용서하지 못한 마음에서 비롯된다"라고 말하며 과거의 아픔을 용서하고 스스로를 사랑할 때 모든 것이 변한다고 이야기하지요.

헤이의 철학에서 중요한 것은 '자기 사랑'입니다. 자신의 감정을 받아들이고, 비판과 죄책감의 패턴을 버리는 것이 치유의 첫걸음입니다. 예를 들어 '나는 멍청해. 바보야'라는 생각을 '나는 나 자신을 사랑해. 나는 나의 가치를 인정해'라는 생각으로 바꾸는 것입니다. 원하는 삶을 창조하는 열쇠는 바로 자신을 사랑하는 마음이기 때문입니다.

내가 나 자신을 사랑할 때, 세상도 나를 사랑합니다. 내가 돈을 사랑할 때, 돈도 나를 사랑합니다. 이 표현은 나 자신에 대한 부정적인 감정이나 두려움을 버리고, 긍정적인 평가와 거기에서 솟아나는 에너지를 통해 돈과 세상을 끌어당기고 삶에 받아들이라는 뜻입니다.

많은 사람이 돈이나 자신을 부정적인 시각으로 바라보거나 나다워지는 것, 돈을 얻는 것에 죄책감이나 불안을 느끼곤 합니다.

하지만 저는 돈을 단순히 생활에 필요한 수단이 아니라 인정하고 존중할 때 활발하게 흐르는 에너지로 봅니다. 이 에너지를 긍정적인 방식으로 다루며 제한하지 않는다면 더 거세게 흐르며 나에게 다가와 자유를 선물합니다. 돈을 사랑하고 돈에게 감사하면 돈은 자연스럽게 우리의 삶에 긍정적인 영향을 미친다는 의미입니다.

루이스 헤이의 많은 책을 읽었지만 그중 가장 많이 반복해서 읽은 책은 『치유』입니다. 저 또한 살면서 많은 어려움을 겪었습니다. 인생이 풀리지 않아 답답하고 힘든 순간들이 있었습니다. 아프고 고통스러운 감정에 휩싸였던 때도 있었죠. 그때마다 이 책의 확언들이 저를 꼭 붙잡아 주었습니다. 그 어떤 상황에서도 나 자신을 놓지 말고 사랑하라는 메시지가 저에게 다시 일어설 힘을 주었습니다.

당신도 영원히 나와 함께할 '나 자신'을 사랑해 주세요.
사랑은 치유이자 축복이며, 풍요로 향하는 길입니다.

나는 돈을 사랑하고, 돈도 나를 사랑한다.

093

나를 힘들게 하는 생각에서
벗어나는 법

『네 가지 질문』

바이런 케이티Byron Katie는 《타임》이 "21세기의 영적 혁신가"라고 칭송한 세계적인 영적 스승입니다. 나를 고통스럽게 하는 생각에서 빠져나오는 방법인 '생각 작업The Work'으로 수많은 사람의 인생을 구하기도 했지요. 생각 작업은 그녀의 책 『네 가지 질문』에 자세히 설명되어 있습니다.

생각 작업은 '네 가지 질문'에 답하고 이를 '뒤바꾸는' 과정입니다. 네 가지 질문은 다음과 같습니다.

1. 그 생각은 진실인가?

2. 그 생각이 진실인지 확실히 알 수 있는가?

3. 그 생각을 믿을 때 나는 어떻게 반응하는가?

4. 그 생각이 없다면 나는 누구인가?

만약 '나는 늘 일을 망친다'라는 잘못된 생각을 가지고 있다면 다음과 같은 답변이 나올 수 있겠지요.

1. (스스로 그렇게 생각하기 때문에) 예.

2. (남들은 그렇게 말한 적이 없기 때문에) 아니오.

3. 세상을 등지고 숨고 싶고, 우울하고 고통스러운 감정이 느껴진다.

4. 더 자신감 있으며 실패를 두려워하지 않는 사람이다.

이 과정을 통해 내가 믿고 있는 잘못된 생각을 면밀하게 분석하고, 그 생각을 뒤집음으로써 스트레스와 고통에서 벗어날 수 있습니다.

당신이 지금 믿고 있는 그 생각은 진실인가요? 진실이라고 확신할 수 있나요? 그 생각이 당신을 다치게 하지는 않나요? 만약 그 생각이 없다면, 당신은 더 편안하고 자유로워질 수 있지 않을까요? 저는 이 네 가지 질문 속에 우리가 스스로를 돌아보게 하는 따뜻한 거울이 담겨 있다고 믿습니다.

당신을 아프게 만드는 그 생각은 진실이 아닙니다. 거짓된 생각을 이제 그만 내려놓으세요. 나를 편안하게 하고, 웃게 하고, 사랑하게 하는 생각을 선택하세요. 그것이 온 세상이 당신에게 진정으로 바라는 일입니다.

**나는 지금 편안하고, 사랑을 느끼며,
사랑받고 있다.**

094

먼저 마음의 부를 쌓으라

『빵장수 야곱』

제가 사람들에게 많은 상처를 받았던 시기에 도움을 받은 책이 있습니다. 바로 『빵장수 야곱』입니다. 인생의 지혜를 담은 우화로 구성된 이 책의 주인공 야곱은 빵장수로, 매일 아침 불을 지피고 빵 반죽이 부푸는 동안 묵상을 하고 쪽지에 삶과 우주 그리고 신에 대한 생각을 적습니다.

어느 날 우연히 야곱이 만든 빵에 그 쪽지가 들어가게 되는데, 쪽지를 본 사람들이 지혜의 말을 더 구하고자 빵을 주문합니다. 그래서 야곱은 빵을 팔면서 많은 사람의 고민에 지혜로운 답변을 주기 시작했습니다. 그렇게 유명세를 타자

한 부자 노인이 야곱을 시험하려고 저녁 식사에 초대합니다. 일부러 골탕을 먹이려고 성찬을 차려놓고 야곱의 앞에는 빈 접시와 컵만을 올려두었죠.

식사가 시작되자 부자 노인은 준비된 모든 음식을 게걸스럽게 먹었습니다. 혼자서만 쩝쩝거리며 만찬을 즐긴 것입니다. 그러나 야곱은 화내거나 항의하거나 욕하지 않았습니다. 그런 야곱의 모습을 확인한 부자 노인은 불안해지기 시작했습니다.

식사를 다 마친 야곱은 부자 노인에게 식사를 끝냈는지 물었습니다. 노인이 조용히 고개를 끄덕이자, 야곱은 "식사에 초대해 주셔서 고맙습니다"라고 말하며 떠날 준비를 했습니다. 그러자 노인이 급하게 야곱을 붙잡고 물었죠. "초대해 놓고 이런 대접을 했는데 화가 나지 않는가?" 그러자 야곱은 이렇게 대답했습니다.

"당신은 제게 당신이 가진 것만큼 주셨습니다."

야곱은 부자 노인이 진정한 부자가 아니라는 사실을 알고 있었습니다. 노인이 가진 것은 물질적인 것에 불과하고, 마음은 결핍 그 자체였음을 알고 있었던 것입니다. 그렇기에 부드러운 미소를 지으며 조용히 집으로 돌아올 수 있었죠.

처음 이 이야기를 읽었을 때, 저는 힘든 아르바이트를 하며 살아가는 가난한 학생이었습니다. 음식점이나 편의점에서 일을 할 때 불친절하거나 예의 없는 행동을 하는 사람을 만나면 늘 마음이 상했습니다. '내가 못나서 그런가' '가난해서 그런가' '우리 집이 망해서 그런가' 별별 생각을 다 했습니다. 그때마다 화가 나고 마음속에 불편함이 쌓였죠. 그런데 이 이야기를 보고 나서 불편함이 조금씩 풀리기 시작했습니다. 사람들이 나에게 주는 것들이 결국 그들이 가진 것뿐이라는 걸 깨달았기 때문입니다.

누군가의 말이나 행동에 상처를 받을 때, 그 사람이 그저 자신이 가진 만큼 나누어준 것일 뿐이라는 걸 이해하면 마음이 한결 가벼워집니다. 화를 내고 원망하는 마음은 결국 내 마음만 더 무겁게 만들 뿐이죠.

바라는 부자의 삶을 살려면 그런 감정에 휘둘리지 않아야 합니다. 마음이 가난하면 아무리 물질적으로 풍족해도 삶이 늘 부족해 보일 수밖에 없습니다. 그런 마음은 쌓아온 모든 것들을 흘려보내게 만들기도 합니다.

빵장수 야곱처럼 마음이 가난한 사람들의 시비에 휘둘리지 않고, 오히려 그들을 감싸안는 마음을 가져보면 어떨까요? 저는 '물질의 부'뿐만 아니라 '내면의 부'를 쌓는 것 또한 중요하다고 생각합니다.

조금씩 마음을 다스리다 보면 물질은 자연스럽게 따라옵니다. 마음을 정화하고, 타인의 마음을 헤아리는 그 작은 노력이 결국 당신의 삶을 더 풍요롭고 평화롭게 만들어줄 것입니다.

그는 가진 만큼 나누어준 것뿐이다.

095

돈이 없다는 것도 착각이다

『악마와의 수다』

취업에 성공한 대학교 4학년 미쓰로. 헌책방에서 '평생 놀고먹으며 살 수 있는 암흑 에너지 입문 책'을 발견합니다. 집에 돌아와 암흑 에너지를 소환하지만 아무 일도 일어나지 않습니다. 하지만 14년 뒤, 갑자기 악마가 등장합니다. 온 세상의 부와 명예를 주겠다면서요. 책 『악마와의 수다』의 내용입니다.

미쓰로는 악마와의 대화를 통해 가지고 있던 고정관념을 깨부수기 시작합니다. 그중 하나가 돈에 대한 관념입니다. 우리는 자신이 바라던 삶을 살 수 있는 능력을 모두 가지고 있습니다. 하지만 많은 사람이 '돈이 없다' '돈을 벌고 싶다' '돈을 모아야겠다'라는 생각에 갇혀 살아갑니다. 하지만 이러한 생각을 반복하면 오히려 현실에서 부족함을 경험하게 됩니다. '돈이 없다'는 믿음 자체가 현실을 만드는 착각이기 때문입니다.

이 세상은 모두 착각으로 이루어져 있습니다. 사람은 자신의 시선으로만 세상을 보기 때문입니다. 여러 사람이 같은 풍경을 보았다고 해서 같은 의견을 말하는 것은 아닙니다. 누구는 꽃을 보고, 누구는 사람을 보고, 누구는 곤충에 주목합니다. 즉 사람의 수만큼 다양한 관점과 세계가 존재한다는 것입니다.

돈이 없다고 느끼는 사람들은 낡고 왜곡된 생각 속에 갇혀 있습니다. 그들은 '돈이 없기 때문에 내 삶은 부족하다'라고 믿습니다. 그 믿음이 그들의 현실이 됩니다. '돈이 없다'고 믿는 순간, 부족함을 계속해서 느끼는 것이지요.

반대로 돈이 이미 있다고 믿는 사람은 부족함을 느끼지 않습니다. 그들은 이미 충분히 있다고 느끼기 때문에 자연스럽게 자신이 필요한 것을 얻고, 부와 기회가 끊임없이 따라옵니다. 그들은 '나는 벌써 부자다'라고 믿으며, 그 믿음대로 행동합니다. 이처럼 내가 어떤 믿음을 가지고 있느냐에 따라 나의 현실 또한 달라집니다.

부자도 자신이 돈을 가지고 있다고 착각하는 것이겠지요. 그렇게 착각했기 때문에, 착각된 세계가 나타난 것입니다. 반대로 돈이 없는 사람은 스스로 돈이 없다고 착각하기 때문에 돈이 없는 세계를 보는 것입니다. 그 착각을 뒤집어야 합니다.

끌어당김의 법칙은 우리가 믿고 생각하는 대로, 우리의 현실이 그 방향으로 끌려간다는 법칙입니다. 그러므로 돈이 없다는 믿음을 버리고, 돈이 이미 있다는 믿음을 받아들여야 합니다. '벌써 돈이 많다' '이미 성공했다'라는 생각을 자주 반복하며, 그 느낌을 계속해서 유지해야 합니다. 그 믿음이 확고해질수록 현실은 그 믿음대로 변화합니다.

이 과정에서 중요한 것은 '감사'입니다. "감사합니다"라는 말은 우리가 원하는 것을 이미 이룬 상태에서 나오는 자연스러운 표현입니다. 돈이 많다고 믿고, "나는 이미 부자다"라고 말하면서 감사하는 것입니다. 우리가 가진 것들에 감사할 때 그 감사는 우리가 원하는 것을 끌어오는 강력한 에너지가 됩니다.

따라서 매일 "감사합니다"라고 반복하면서, 이미 충분한 돈이 내 삶에 있다는 생각을 가져야 합니다. 물건을 살 때마다 돈이 자연스럽게 돌아오고, 통장에 돈이 쌓인다고 상상하세요. 그렇게 '이미 부자'라는 착각을 현실로 끌어당기는 것입니다.

이제부터는 '나는 이미 부자다' '벌써 성공했다'라는 믿음을 반복하면서 현실을 바꿔나가세요. 돈이 없다는 것도 착각입니다. 당신이 이미 풍요롭고 충분하다는 사실을 받아들일 때, 그 풍요는 반드시 당신 삶 속에 나타날 것입니다.

이미 모든 것이 충분하다.

096

당신은 이미 기적이다

『마음에는 평화 얼굴에는 미소』

20대 초반, 정말 힘들었습니다. 하루아침에 집안이 망하고, 대학교를 휴학하며 전국을 떠돌며 일을 했습니다. 결국 빚에 쫓겨 해외로 떠나야 했습니다. 여러 나라를 떠돌며 수많은 직업을 전전하며 살았고, 그 속에서 '왜 살아야 하지?'라는 물음이 떠나지 않았습니다. 가난에 쫓겨 정신없이 일하며 퇴근길엔 문득 '내가 뭐 하고 있는 거지?'라는 자괴감이 밀려왔습니다. 늘 불안한 마음을 안고 살았습니다.

모두가 한 번쯤은 '왜 이렇게 달리고 있지? 어디로 가고 있지?'라는 생각을 해봤을 겁니다. 끝도 없이 쫓기는 일들 속에서 무엇을 위해 달리는지 모르고 그냥 바쁘게 살면 허무함만 남습니다.

여러 나라를 떠돌고 열다섯 번씩 이사하며 지낼 때 많이 혼란스러웠습니다. 그때 틱낫한 스님의 책 『마음에는 평화 얼굴에는 미소』를 읽고 큰 위로를 받았습니다. 정신없이 달리며 놓친 것들이 많다는 것을 깨닫게 되었죠.

내가 그토록 간절히 원했던 '집'이 단순히 물리적인 공간이 아닌 '마음의 고향'이라는 사실도 알게 되었습니다. 진정한 '집'으로 돌아가는 방법이 참 궁금했습니다. 그래서 열심히 책을 읽었습니다. 이 책에 방법이 담겨 있었으니까요.

우리는 자주 과거나 미래에 얽혀 지금 이곳에 존재하지 못할 때가 많습니다. 그럴 때마다 지금 이 순간에 집중하면 마음의 어두움이 조금씩 사라집니다. 숨을 들이쉬고 내쉬며 마음을 진정시키는 것만으로도 평화가 찾아옵니다. "많이 힘들구나. 애썼구나. 고생했다"라고 스스로에게 말하는 것만으로도 큰 위로가 될 수 있습니다.

책에서 이 문장을 읽었을 때, 저는 하루라도 더 살고 싶다는 간절한 마음이 들었습니다.

"그대의 삶과 시간을 더 이상 잃어버리지 않겠다고 굳게 결심하라. 멈춰서 기쁘게 모든 발걸음을 내딛으라. 물 위나 불타는 석탄 위를 걷는 것이 아니라, 땅 위를 걷는 것이 기적이다."

물 위나 불타는 석탄 위를 걸어도 멀쩡한 사람을 보면 그들을 '기적'이라고 말합니다. 그러나 스님은 우리가 땅 위에서 걸을 수 있고, 생명력을 가지고 살아간다는 사실 자체가 이미 기적이라고 말합니다. 일상에서 너무나 흔하게 지나칠 수 있는 것들이 사실은 모두 기적입니다.

제가 아플 때는 물 한 잔을 마시는 것조차도 어려운 일이었습니다. 비위가 약해져 체취만 맡아도 하루에 수십 번 구토를 했습니다. 온몸에 미열과 식은땀이 나면서 쉽게 추워져 외출도 불가능했습니다. 배가 너무 고프지만 몸이 약해져 마시는 것도, 먹는 것도 불가능했습니다. 대소변을 보는 것마저 큰일이었습니다. 요의가 느껴져 몇 시간씩 화장실에 있어도 소변이 나오지 않을 때면 속상해서 펑펑 울었습니다. 나중에는 탈수증으로 눈이 부셔 빛을 볼 수 없게 되어 선글라스를 끼고 지내야 했습니다. 면역이 약해지니 피부에 닿는 모든 것이 너무 가려워 벅벅 긁어대기만 했습니다.

이 모든 일을 겪으며 저는 평소에 아무렇지 않게 누리던 것들이 아픈 사람에게는 얼마나 간절한 소원이 되는지 깨달았습니다.

땅을 걷는 것, 숨을 쉬는 것, 생각을 하고 감정을 느끼는 것 그리고 하루하루 살아가는 것. 당연하게 주어지는 것처럼 보이는 이 모든 일이 엄청난 기적입니다.

바쁘게 살다 보면 '내가 무엇을 위해 이렇게 달리고 있지?'라는 의문이 들 때가 많습니다. 그럴 때마다 잠시 멈추고, 지금 이 순간에 존재해 보세요. 기적은 멀리 있는 것이 아니라 우리가 걷고 있는 바로 이 땅 위에 이미 존재하고 있으니까요. 그렇습니다. 우리가 찾고자 했던 기적은 이미 우리와 함께하고 있습니다.

바쁘고 정신없이 달려가는 삶 속에서도 잠시 멈추고 심호흡을 해보세요. 지금 이 순간을 잘 살아가고 있는 자신을 바라보세요. 당신은 존재만으로도 이미 기적 그 자체입니다. 우리가 깨어 있는 마음으로 오늘을 살아갈 때, 우리는 그 자체로 기적을 만들어가고 있는 것입니다.

기적은 우리가 걷고 있는 바로 이 땅 위에 있다.

졸부처럼 굴지 마라

『세이노의 가르침』

　부자가 되는 길은 한순간에 뚫리지 않습니다. 『세이노의 가르침』에서 1000억 부자 세이노는 평범한 사람들이 부자가 되는 방법을 강한 어조로 전달합니다. 저도 이 책에서 여러 좋은 조언을 얻었는데, 그중에서 기억에 남는 내용들을 공유하고자 합니다.

　첫째, 목표는 가까운 미래에 설정해야 합니다. 많은 사람이 5년, 10년 후의 거창한 목표를 세우지만, 세이노는 그렇게 목표를 세우면 지치기 쉽다고 이야기합니다. 가까운 미래에 이루어질 수 있는 구체적이고 실행 가능한 목표를 설정해야 한다는 것이지요. '1년 동안 1000만 원을 모은다'와 같은 목표 말입니다.

둘째, 미래를 대비해야 합니다. "버는 만큼 씀씀이도 커진다"라는 말을 들어본 적이 있을 것입니다. 세이노는 "졸부 흉내 좀 내지 말고 미리 준비를 하라"고 일갈합니다. 예기치 않은 상황에 대비할 준비가 되어 있어야 한다는 것입니다.

갑자기 아프거나 위기가 닥쳤을 때, 혹은 자연재해나 전쟁 같은 극단적인 상황에서 살아남을 수 있는 준비가 되어 있나요? 기름값이 조금만 올라도 가계에 문제가 생기는 상황이라면, 기름이 올라도 흔들리지 않을 충분한 대비를 하고 있어야 합니다. 즉 미리 목돈을 준비해 놓고, 새로운 파이프라인을 만들고, 기름을 대체할 무언가를 만드는 것이지요.

세이노는 돈뿐만 아니라 미래의 불확실한 상황에 대비해야 한다고 이야기합니다. 예기치 못한 상황에서도 안정적으로 살아갈 수 있는 힘, 즉 '생존력'을 강조하지요.

단순히 돈을 많이 번다고 해서 부자가 되는 것이 아닙니다. 목표 설정, 소비 습관, 미래에 대한 준비가 부자를 만듭니다. 부자가 될 기회는 언제든지 오지만, 그 기회는 잡을 준비가 되어 있는 자의 것입니다.

부자가 되는 길은 하루아침에 뚫리지 않지만, 그 길로 향

하는 문은 수시로 열립니다. 그러니 매 순간 준비되어 있어
야 합니다.

나는 기회를 잡을 준비가 되었다.

098

생각을 생각하지 마라

『당신이 생각하는 모든 것을 믿지 말라』

입소문만으로 세계적인 베스트셀러가 된 책이 있습니다. 독립 출판으로 아마존 세 개 분야에서 1위를 하고, 90주 연속 1위 자리를 지킨 책, 바로 청년 조세프 응우옌Joseph Nguyen 의『당신이 생각하는 모든 것을 믿지 말라』입니다. 이 책은 '인간은 왜 끝없이 괴로운가?'와 '어떻게 초월적 영감에 다다르는가?'라는 두 가지 질문을 탐구하며 그 답을 '무념non-thinking'에서 찾습니다.

응우옌은 '생각thoughts'과 '사고thinking'가 다르다고 설명합니다. 생각은 우리가 의도하지 않아도 자연스럽게 떠오르는 것이며, 우리가 해결해야 할 문제를 다루는 과정입니다. 그러나 사고는 그 생각을 반복하고 분석하며 그에 대해 다시 생각하는 행위입니다. 많은 경우 사고는 부정적인 감정을 유발하고, 우리를 괴롭게 만듭니다.

저는 네 아이를 자연 분만으로 낳았습니다. 출산을 앞두고 매번 걱정되는 순간들이 있었습니다. '혹시 아이나 나에게 문제가 생기지 않을까?' '출산 중에 잘못되지 않을까?' '내가 잘할 수 있을까?' 누구나 할 수 있는 생각이었지만, 그 생각을 되풀이하는 것은 사고였습니다.

이 사고는 제게 부정적인 에너지를 주었고, 반복할수록 머리는 무겁고 손발이 차가워졌으며 배는 뭉쳤습니다. 이런 몸의 반응은 두려움과 불안을 증폭시키고, 감정을 더욱 무겁게 만들었습니다. 그때 제가 선택했던 방법이 바로 '무념'이었습니다. 사고를 멈추고 마음을 비운 것입니다. 그러자 그 자리에 평화가 찾아왔습니다. 걱정과 두려움이 사라지고, 내면의 직관이 자연스럽게 들리기 시작했습니다.

제 아이 셋은 예정일을 한참 지나 태어났습니다. 예정일이 되어 지인들에게 출산을 축하하는 메시지가 왔을 때 저는 "아직 뱃속에 있어"라고 답하곤 했지요. 아이가 예정일에 딱 나오지 않을 때는 정말 걱정되었습니다. 그럴 때마다 '걱정할 필요 없어. 지금 내가 할 일에 집중하자'라며 생각을 돌리려 노력했습니다. 걱정이 아닌 제가 원하는 미래에 마음을 집중하는 것이었죠. 그래서 태어날 아이가 입을 옷을 빨고, 집을 정리했습니다. 따뜻한 로션을 배에 발라주고, 매일 밤 거실 창가의 달을 바라보며 미소를 지었습니다. 이 모든 것이 출산을 준비하는 일상이었고, 그 과정에서 내면의 평화가 찾아왔습니다. 그렇게 시간이 지나면 자연스럽게 귀여운 아기가 태어나곤 했지요.

불필요한 사고를 멈추고 부정적인 감정을 유발하는 생각을 끊어내면 그 자리에 긍정적이고 창조적인 에너지가 채워집니다. '내가 잘할 수 있을까?'라는 걱정 대신 '나는 준비가 되어 있어'라는 믿음을 가진다면 어떨까요? 이 믿음은 저에게도 큰 힘이 되어주었습니다.

무념 상태에서는 더 이상 부정적인 감정에 휘둘리지 않고 직관과 영감을 따릅니다. 사고를 멈추면 우주가 우리에게 주는 무한한 가능성의 생각들이 스며들기 시작합니다. 걱정과 불안 대신 긍정적이고 창조적인 생각이 우리의 삶을 이끌게 되죠.

무념으로 살아간다는 것은 단순히 사고를 멈추는 것만이 아닙니다. 그것은 삶을 온전히 느끼고, 순간에 집중하는 능력을 키우는 것입니다. 부정적인 사고를 내려놓고 마음을 비우면, 우리는 그 어느 때보다 강해지고, 세상은 우리에게 끝없는 기회를 선물하게 될 것입니다.

당신도 무념의 상태를 선택할 수 있습니다. 부정적인 사고를 멈추고 내면의 평화와 자유를 찾으세요. 그곳에서 진정한 변화를 시작할 수 있습니다. 마음을 비우고, 새로운 가능성의 문을 여세요.

나는 마음을 비우고, 내면의 평화를 키워나간다.

099

더 성장하고 발전하리라는 믿음

『마인드셋』

스탠퍼드대학교의 심리학자 캐럴 드웩Carol Dweck 교수는
『마인드셋』에서 두 가지 중요한 개념을 설명합니다. 바로
'성장 마인드셋growth mindset'과 '고정 마인드셋fixed mindset'입니
다. 모두 한 번쯤 들어본 개념일 것입니다.

드웩 교수는 '어떤 관점을 가지느냐'에 따라 사람의 삶이
달라진다고 말합니다. 고정 마인드셋은 '타고난 자질은 불변
하다'라는 믿음에 기반합니다. 이 믿음을 가지면 자신의 자
질을 증명하려는 욕구가 강해져, 실패나 어려움을 피하고자
하며 결과에 집착하게 됩니다.

반면 성장 마인드셋은 '자질은 계속해서 발전할 수 있다' 라는 믿음입니다. 이 관점을 가진 사람은 실패를 학습의 기회로 보고, 더 나아지기 위해 끊임없이 노력하고 배웁니다.

고정 마인드셋을 가지면 발전이 어렵습니다. 작은 실패에도 큰 충격을 받고, 자신감을 잃어버리죠. 시험 점수가 낮게 나오면 '시험 점수가 C야. 정말 최악이다. 열심히 했는데도 안 되니 이 과목은 나랑 안 맞아'라는 생각으로 공부를 멈춥니다. 당연하게도 그 과목은 영원히 잘할 수 없게 되지요. 스스로를 부정적인 생각에 가두고 발전을 멈추는 길을 택한 것입니다.

반면 성장 마인드셋을 가진 사람은 '시험 점수가 C네. 올라갈 곳이 두 단계 더 있어. 더 나아질 수 있어. 다음 시험에선 B까지 올라갈 거야. A까지 올라가면 더 좋고. 공부 계획을 세워보자'라고 생각합니다. 이런 사람은 실패를 교훈 삼아 더 나은 결과를 만들어냅니다.

성장 마인드셋을 가진 사람은 물처럼, 겉으로 드러나는 큰 움직임 없이도 강한 힘을 가집니다. 내면의 평화와 겸손한 태도를 바탕으로 차분하게 발전해 나가는 것입니다. 외부의 방해에 흔들리지 않고, 꾸준히 성장해 나갈 때 내면을 다스리는 진정한 힘이 발휘됩니다.

당신은 이미 귀한 존재이지만, 동시에 완성을 향해 나아가는 존재입니다. 그 완성도를 어떻게 높여갈지는 당신의 마인드셋에 달려 있습니다. "가장 깊은 강은 가장 고요하다"라는 노자의 《도덕경》의 말처럼, 차분하게 자신의 발전을 이루어가는 것이 중요합니다.

고정 마인드셋과 성장 마인드셋, 둘 중 어느 것을 선택할지는 당신의 몫입니다.

나는 고요함 속에서 꾸준히 나아간다.

100

가장 쉽게 부자 되는 습관

『청소력』

부자가 되고 싶으신가요? 돈의 그릇을 넓히고, 그 그릇을 가득 채우고 싶으신가요? 가장 쉽고 빠른 방법을 하나 알려 드릴게요. 바로 '청소'입니다.

집에 돌아왔을 때 곳곳에 물건이 어지럽혀져 있다면 불쾌한 감정이 떠오르죠. 『청소력』에서는 이런 불쾌한 정보들이 주변에 많으면 우리의 에너지도 분산되기 때문에 집중이 어려워진다고 이야기합니다. 반면 집이 깔끔하면 에너지가 한곳에 집중되고, 마음도 차분해진다고 하지요. 이렇게 마음을 정리하고 집중할 수 있으면 자연스럽게 업무에 더 몰두하게 되니 좋은 성과를 얻을 수 있습니다. 성과가 쌓이면 승진과 수입 증가로 이어지고, 결국 더 많은 부를 축적하게 됩니다.

중요한 것은 '집중하는 힘'입니다. 돋보기로 태양열을 모아 종이를 태우는 것처럼 주변의 산만함을 정리하면 에너지를 한 곳에 모아 강력한 결과를 만들어낼 수 있습니다.

미래의 금전운을 확인할 수 있는 다음 네 가지 질문을 스스로에게 해보세요.

1. 집에 얼마나 많은 물건이 쌓여 있는가?
2. 집 안 물건들이 얼마나 잘 정리되어 있는가?
3. 내 지갑에는 정말 필요한 것만 들어 있는가?
4. 화장실은 깨끗하게 관리되고 있는가?

드라마나 영화에서 부잣집은 어떻게 묘사되나요? 넓고 깔끔한 거실에는 꼭 필요한 고급 가구들만 배치되어 있고, 아무리 많은 사람이 오가도 발에 걸리는 물건 하나 없이 정돈되어 있습니다. 가난한 집은 좁은 거실에 온갖 짐이 쌓여 있고, 마땅한 가구 대신 박스들이 여기저기 놓여 있죠.

당신의 집이 감당할 수 없는 양의 물건으로 가득 차 있다면, 이제는 비울 때입니다. 물건을 구입할 때도 정말 필요한 것인지 고민해 보세요. 돈 관리와 똑같습니다. 꼭 필요한 물건만 구입하고, 그 물건을 제대로 사용하면 자연스럽게 부를 쌓는 길로 가게 됩니다.

당신의 에너지를 잡동사니에서 해방시키세요. 불필요한 물건들을 치우고, 부와 성공을 이끌어낼 수 있는 환경을 만들어가세요. 바로 실천할 수 있고, 많은 시간과 노력이 필요하지 않습니다. 얼마나 가성비 좋은 방법인가요? 오늘부터 시작해 보세요!

나는 정리된 환경에서 에너지를 집중해
부와 성공을 끌어당긴다.

부록

1. 부자책 100권 독서 체크리스트
2. 100일 확언 필사노트

부자책 100권 독서 체크리스트

다음 100권의 책은 돈의 그릇을 단단하게 만들어 더 많은 부를 끌어당기는 법을 일러줍니다. 자신의 상황에 맞는 책을 쉽게 찾아 읽어볼 수 있도록 최근 서지정보를 출처로 하여 '자기계발과 개인 성장' '부의 흐름과 경제적 사고' '자기 통제와 습관 관리' '마케팅과 경영 전략' '리더십과 커뮤니케이션' 총 다섯 가지의 카테고리로 분류했습니다. 한 권씩 읽어나가며 책 제목 앞의 체크란에 읽음 여부를 표시해 보세요.

자기계발과 개인 성장

☐ 1. 『아비투스』, 도리스 메르틴, 다산초당, 2023.

☐ 2. 『네 안에 잠든 거인을 깨워라』, 토니 로빈스, 넥서스BIZ, 2023.

☐ 3. 『늦깎이 천재들의 비밀』, 데이비드 엡스타인, 열린책들, 2020.

☐ 4. 『놓치고 싶지 않은 나의 꿈 나의 인생 1』, 나폴레온 힐, 국일미디어, 2021.

☐ 5. 『그릿』, 앤절라 더크워스, 비즈니스북스, 2019.

☐ 6. 『보도 섀퍼의 이기는 습관』, 보도 섀퍼, 토네이도, 2022.

☐ 7. 『'한 번 더'의 힘』, 에드 마일렛, 토네이도, 2022.

☐ 8. 『위대한 나의 발견 강점혁명』, 갤럽 프레스, 청림출판, 2021.

□ 9. 『왜 일하는가』, 이나모리 가즈오, 다산북스, 2021.

□ 10. 『성공하는 사람들의 7가지 습관』, 스티븐 코비, 김영사, 2023.

□ 11. 『크런치 포인트』, 브라이언 트레이시, 황금나침반, 2007.

□ 12. 『지치지 않는 힘』, 이민규, 끌리는책, 2018.

□ 13. 『기브 앤 테이크』, 애덤 그랜트, 생각연구소, 2013.

□ 14. 『10배의 법칙』, 그랜트 카돈, 부키, 2023.

□ 15. 『FLOW : 몰입』, 미하이 칙센트미하이, 한울림, 2004.

□ 16. 『지금 하지 않으면 언제 하겠는가』, 팀 페리스, 토네이도, 2018.

□ 17. 『빠르게 실패하기』, 존 크럼볼츠·라이언 바비노, 스노우폭스북
스, 2022.

□ 18. 『무한능력』, 토니 로빈스, 넥서스BIZ, 2023.

□ 19. 『시작의 기술』, 개리 비숍, 웅진지식하우스, 2023.

□ 20. 『원씽 THE ONE THING』, 케리 켈러·제이 파파산, 비즈니스
북스, 2013.

□ 21. 『나는 4시간만 일한다』, 팀 페리스, 다른상상, 2017.

□ 22. 『80/20 법칙』, 리처드 코치, 21세기북스, 2023.

□ 23. 『변화의 시작 5AM 클럽』, 로빈 샤르마, 한국경제신문사, 2019.

□ 24. 『세이노의 가르침』, 세이노, 데이원, 2023.

□ 25. 『마인드셋』, 캐롤 드웩, 스몰빅라이프, 2023.

부의 흐름과 경제적 사고

☐ 26. 『백만장자 시크릿』, 하브 에커, RHK, 2020.

☐ 27. 『부의 추월차선』, 엠제이 드마코, 토트출판사, 2022.

☐ 28. 『부자 아빠 가난한 아빠』, 로버트 기요사키, 민음인, 2018.

☐ 29. 『돈의 속성』, 김승호, 스노우폭스북스, 2020.

☐ 30. 『부자의 언어』, 존 소포릭, 월북, 2023.

☐ 31. 『지중해 부자』, 박종기, RHK, 2014.

☐ 32. 『부자의 그릇』, 이즈미 마사토, 다산북스, 2020.

☐ 33. 『고객의 요트는 어디에 있는가』, 프레드 쉐드, 부크온, 2012.

☐ 34. 『레버리지』, 롭 무어, 다산북스, 2023.

☐ 35. 『돈의 공식』, 윌리엄 그린, RHK, 2022.

☐ 36. 『평생 돈에 구애받지 않는 법』, 고코로야 진노스케, 유노북스, 2016.

☐ 37. 『돈의 심리학』, 모건 하우절, 인플루엔셜, 2021.

☐ 38. 『댄 애리얼리 부의 감각』, 댄 애리얼리·제프 크라이슬러, 청림출판, 2023.

☐ 39. 『무엇을 아끼고 어디에 투자할 것인가』, 사친 처드리, 스노우폭스북스, 2019.

자기 통제와 습관 관리

☐ 40. 『오래된 비밀』, 이서윤, 이다미디어, 2013.

☐ 41.『부자의 운』, 사이토 히토리, 다산북스, 2020.

☐ 42.『부자의 행동습관』, 사이토 히토리, 다산북스, 2020.

☐ 43.『인생 수업』, 엘리자베스 퀴블러 로스, 이레, 2006.

☐ 44.『데일 카네기 자기관리론』, 데일 카네기, 현대지성, 2021.

☐ 45.『유쾌한 창조자 자각편』, 에스더 힉스·제리 힉스, 나비랑북스, 2014.

☐ 46.『마음의 시계』, 엘렌 랭어, 사이언스북스, 2011.

☐ 47.『클루지』, 개리 마커스, 갤리온, 2023.

☐ 48.『왓칭』, 김상운, 정신세계사, 2011.

☐ 49.『심리학이 분노에 답하다』, 충페이충, 미디어숲, 2022.

☐ 50.『브레이킹, 당신이라는 습관을 깨라』, 조 디스펜자, 샨티, 2021.

☐ 51.『돈의 신에게 배우는 머니 시크릿』, 김새해, 비즈니스북스, 2022.

☐ 52.『절제의 성공학』, 미즈노 남보쿠, 바람, 2013.

☐ 53.『시크릿』, 론다 번, 살림Biz, 2007.

☐ 54.『2억 빚을 진 내게 우주님이 가르쳐준 운이 풀리는 말버릇』, 고이케 히로시, 나무생각, 2017.

☐ 55.『멘탈이 강해지는 연습』, 데이먼 자하리아데스, 서삼독, 2022.

☐ 56.『나로 살아가는 기쁨』, 아니타 무르자니, 샨티, 2017.

☐ 57.『아디야샨티의 참된 명상』, 아디야샨티, 침묵의향기, 2016.

☐ 58.『인생을 다시 시작할 수 있다면』, 나딘 스테어, 가나출판사, 2015.

□ 59. 『의식 혁명』, 데이비트 호킨스, 판미동, 2011.

□ 60. 『슈퍼 휴먼 Super Human』, 데이브 아스프리, 베리북, 2020.

□ 61. 『웰씽킹』, 켈리 최, 다산북스, 2021.

□ 62. 『호오포노포노의 비밀』, 이하레아카라 휴 렌·조 비테일, 판미동, 2011.

□ 63. 『성공은 당신 것』, 데이비드 호킨스, 판미동, 2021.

□ 64. 『내가 확실히 아는 것들』, 오프라 윈프리, 북하우스, 2024.

□ 65. 『백만불짜리 습관』, 브라이언 트레이시, 용오름, 2005.

□ 66. 『인간 본성의 법칙』, 로버트 그린, 위즈덤하우스, 2019.

□ 67. 『아티스트 웨이, 마음의 소리를 듣는 시간』, 줄리아 캐머런, 비즈니스북스, 2022.

□ 68. 『3개의 소원 100일의 기적』, 이시다 히사쓰구, 세개의소원, 2020.

□ 69. 『최강의 멘탈 관리』, 킴벌리 페이스, 포르체, 2022.

□ 70. 『상처받은 내면아이 치유』, 존 브래드쇼, 학지사, 2024.

□ 71. 『생각의 법칙』, 제임스 알렌, 이상biz, 2021.

□ 72. 『될 일은 된다』, 마이클 싱어, 정신세계사, 2016.

□ 73. 『에너지 버스』, 존 고든, 쌤앤파커스, 2019.

□ 74. 『행복의 힘』, 조엘 오스틴, 생각연구소, 2012.

□ 75. 『나는 둔감하게 살기로 했다』, 와타나베 준이치, 다산초당, 2022.

☐ 76. 『행복한 이기주의자』, 웨인 다이어, 21세기북스, 2024.

☐ 77. 『조셉 머피 부의 초월자』, 조셉 머피, 다산북스, 2022.

☐ 78. 『네빌 고다드 5일간의 강의』, 네빌 고다드, 서른세개의계단, 2011.

☐ 79. 『살며 사랑하며 배우며』, 레오 버스카글리아, 홍익피엔씨, 2023.

☐ 80. 『치유』, 루이스 L. 헤이, 나들목, 2012.

☐ 81. 『네 가지 질문』, 바이런 케이티, 침묵의향기, 2024.

☐ 82. 『빵장수 야곱』, 노아 벤샤, 김영사, 1989.

☐ 83. 『악마와의 수다』, 사토 미쓰로, 김영사, 2018.

☐ 84. 『마음에는 평화 얼굴에는 미소』, 틱낫한, 김영사, 2012.

☐ 85. 『당신이 생각하는 모든 것을 믿지 말라』, 조세프 응우옌, 서삼독, 2023.

☐ 86. 『청소력』, 마스다 미츠히로, 나무한그루, 2007.

마케팅과 경영 전략

☐ 87. 『미친듯이 심플』, 켄 시걸, 문학동네, 2014.

☐ 88. 『온워드 Onward』, 하워드 슐츠·조앤 고든, 8.0, 2011.

☐ 89. 『파타고니아, 파도가 칠 때는 서핑을』, 이본 쉬나드, 라이팅하우스, 2020.

☐ 90. 『마케팅 불변의 법칙』, 알 리스·잭 트라우트, 비즈니스맵, 2024.

☐ 91. 『장사의 신』, 우노 다카시, 쌤앤파커스, 2023.

☐ 92. 『유혹하는 글쓰기』, 스티븐 킹, 김영사, 2017.

☐ 93. 『넛지: 파이널 에디션』, 리처드 탈러·캐스 R. 선스타인, 리더스
북, 2022.

☐ 94. 『생각에 관한 생각』, 대니얼 카너먼, 김영사, 2018.

리더십과 커뮤니케이션

☐ 95. 『EQ 감성지능』, 대니얼 골먼, 웅진지식하우스, 2008.

☐ 96. 『새로 옮긴 시경』, 김학주, 명문당, 2010.

☐ 97. 『피터 드러커·매니지먼트』, 피터 F. 드러커, 청림출판, 2007.

☐ 98. 『아웃라이어』, 말콤 글래드웰, 김영사, 2019.

☐ 99. 『칭찬은 고래도 춤추게 한다』, 켄 블랜차드 외 3인, 21세기북스,
2018.

☐ 100. 『마쓰시타 고노스케, 길을 열다』, 마쓰시타 고노스케, 청림출
판, 2009.

100일 확언 필사노트

다음 100개의 확언을 하루에 하나씩 필사하며 마음에 새겨보세요. 100일 후, 당신이 가진 돈의 그릇은 크고 단단한 모습으로 부와 풍요를 끌어당길 것입니다.

나는 내가 가진 낡은 생각을 버린다.

─────────────────────────────────

돈은 내 삶에 풍성히 흐른다. 나는 모든 성공을 누릴 자격이 있다.

─────────────────────────────────

나는 자는 동안에도 자동으로 돈이 들어오는 시스템을 갖고 있다.

─────────────────────────────────

나는 매년 나를 대신해서 일할 자산을 늘리고 있다.

─────────────────────────────────

돈은 나를 향해 계속해서 움직인다.

─────────────────────────────────

나는 나의 미래와 연결된 다른 사람의 성공을 진심으로 축하한다.

나는 더 나은 질문을 택한다.

나는 내게 주어진 도구를 잘 활용하는 지혜를 가졌다.

내가 하는 이 작은 일은 신이 보시기에는 충분히 가치 있고 큰일이다.

나는 두려움 없이 도전하고, 끊임없이 성장한다.

돈을 다루는 나의 능력은 매일 성장하고 있다.

나는 내 마음 상태를 조절하며 멋진 미래를 창조한다.

세상은 넓고 좋은 사람은 많다.

나는 진짜 나답게 살기 위해 이 세상에 왔다. 나는 될 수 있는 최고의 나를 만나기 위해 태어났다. 이 세상에서 내가 할 일은 내 삶을 온전히 살아가는 것이다.

나의 현재는 새로운 알아차림으로 가는 디딤돌이다.

진정한 힘은 내가 가진 믿음에서 나온다. 기적은 내가 가진 믿음에서 출발한다.

믿음이 내 삶에 기적을 만들어낸다. 기적은 내가 믿는 만큼 가능하다.

고요할수록 나는 내 길을 더 선명하게 볼 수 있다.

나는 승리할 수밖에 없는 환경을 지속적으로 만들어간다.

모든 감정은 나를 보호하는 존재다. 나는 안전하다.

나는 나의 감정을 자연스럽게 흘려보낸다.

나는 운이 좋은 사람이며, 좋은 일이 늘 나에게 찾아온다.

내 삶은 나를 사랑하는 선택으로 가득 찬다.

나는 내 방식대로 당당하고 솔직하게 살아간다.

빗방울이 모여 바다가 된다.

나는 사람들의 마음에 작은 마법을 불어넣는 사람이다.

나는 돈을 현명하게 다루는 주인이며, 돈은 나를 돕는 믿을 수 있는 하인이다.

나는 모든 것을 돈이라고 생각하고 기쁘게 받아들인다.

나는 지금 충분한 돈이 있으며, 모든 지출을 편안하게 감당할 수 있다.

나는 평온하게 원하는 방향으로 나아간다.

나는 내 경험 덕분에 점점 더 강해진다.

나는 더 나은 방법을 찾아 목표를 향해 꾸준히 나아간다.

나는 어디서든 빛을 발견하는 사람이다.

나는 오늘이 마지막 날인 것처럼 후회 없이 하루하루를 소중하게
살아간다.

내가 나의 가치를 알 때, 세상도 내 가치를 인정한다.

나는 내가 좋아하고 잘하는 일을 찾으며 나만의 길을 만들어간다.

나는 내 삶에 긍정적인 변화를 창조하고, 새로운 기회를 맞이한다.

나는 내가 가장 잘하는 일로 세상을 변화시키고 있다.

나는 섬세한 계획을 세우고 낙관적으로 일을 추진한다.

나는 여유를 가지고 자유롭게 살아간다.

나의 의식은 날마다 확장된다.

나는 앞을 내다보고 필요한 준비를 사전에 완료한다.

나는 잠을 통해 충분히 쉬며 최상의 상태로 회복된다.

나는 끝까지 완주하여 목표를 이뤄냈다.

내 마음은 나를 적극적으로 돕는 친구다.

나는 미래의 관점에서 현재를 선택하고 행동한다.

나는 시선을 멀리 두며 평화를 얻는다.

내 안에 밝은 빛을 초대한다.

나는 나를 지키며 남을 돕는 성공한 기버다.

나는 넘치는 풍요로 존재한다.

나는 타인과의 협력을 통해 더 큰 성장을 이룬다. 온 세상이 나의 성공을 응원하고 있다.

나는 내 전문 분야에서 빛나는 존재다.

나는 명확한 목표를 설정하고 꾸준히 이루어가고 있다.

나는 긴 시간 동안 꾸준히 성공을 이루어가고 있다.

내면의 평화가 나의 길을 이끈다.

나는 더 많은 책임을 맡고, 더 큰 성장을 이룬다.

나는 나만의 개성과 방식으로 성공을 창조하고 있다.

나는 내 아이디어를 세상과 나누며 끊임없이 성장하고 있다.

나는 충분히 받을 자격이 있는 사람이다.

내가 변화하는 만큼 내 삶도 변한다.

나는 큰 목표를 세우고 10배 더 행동하는 사람이다.

나는 내가 하고 싶은 일들을 마음껏 할 수 있는 용기를 가졌다.

나는 목표를 명확히 하고, 도전을 즐기며, 피드백을 받아 몰입한다.

나는 소원을 현실로 만드는 사람이다.

나는 불필요한 요구를 거절하며 내 경계를 지킨다.

나는 우선순위를 설정하고 시간을 잘 관리하는 부자다.

내 생각과 권리는 소중하며, 나는 그것을 자유롭게 표현한다.

나는 배운 것을 자주 되새기고 실천하는 사람이다.

나의 칭찬이 누군가에게 힘이 되고 기쁨을 준다.

나는 충분히 소중하고, 사랑받을 자격이 있다.

내 안에는 무한한 가능성과 회복력이 있다.

나는 과거의 경험을 그대로 받아들이며 성장한다.

나는 매일 작은 즐거움을 통해 풍요와 성공을 끌어당긴다.

나는 유연한 습관을 통해 원하는 결과를 신속하게 달성한다.

나는 나의 생각이 아니다. 나는 나의 행동이다.

나는 경제적 자유를 누리며, 가족과 원하는 삶을 살고 있다.

나는 주어진 시간 안에서 내가 원하는 대로 살아간다.

나는 80퍼센트를 버리고 20퍼센트에 집중하는 시간 부자다.

나는 내 감정의 주인이다. 어떤 상황이든 내 감정을 잘 다룰 수 있다.

나는 항상 충분히 준비된 사람이다.

삶은 나를 아끼고 사랑한다. 가장 좋은 때에 가장 좋은 것이 온다.

나는 매일 조금씩 성장하는 나에게 감사하며 더 큰 성장을 기대한다.

이미 필요한 모든 것을 다 가졌다.

나는 미래의 나에게 충분한 휴식과 자유를 선물했다.

나는 감정을 잘 다스리는 사람이다.

너에겐 부탁할 권리가, 나에겐 거절할 권리가 있다.

왜인지 모르지만 필요한 돈이 모두 마련되었다. 감사하다.

나는 이미 원하는 모든 것을 이루었다.

나는 오늘도 사랑을 선택한다.

나는 매일의 작은 승리를 통해 큰 성공을 이룬 사람이다.

나는 나를 응원하는 성공한 사람들과 함께 성장한다.

나는 돈을 사랑하고, 돈도 나를 사랑한다.

나는 지금 편안하고, 사랑을 느끼며, 사랑받고 있다.

그는 가진 만큼 나누어준 것뿐이다.

이미 모든 것이 충분하다.

기적은 우리가 걷고 있는 바로 이 땅 위에 있다.

나는 기회를 잡을 준비가 되었다.

나는 마음을 비우고, 내면의 평화를 키워나간다.

나는 고요함 속에서 꾸준히 나아간다.

나는 정리된 환경에서 에너지를 집중해 부와 성공을 끌어당긴다.

돈의 그릇

100권의 책에서 찾은 부의 마인드셋

초판 1쇄 발행 2024년 12월 18일
초판 3쇄 발행 2025년 1월 22일

지은이 김새해
펴낸이 김선식

부사장 김은영
콘텐츠사업2본부장 박현미
책임편집 남궁은 **디자인** 마가림 **책임마케터** 문서희
콘텐츠사업5팀장 김현아 **콘텐츠사업5팀** 마가림, 남궁은, 최현지, 여소연
마케팅1팀 박태준, 권오권, 오서영, 문서희
미디어홍보본부장 정명찬 **브랜드홍보팀** 오수미, 서가을, 김은지, 이소영, 박장미, 박주현
채널홍보팀 김민정, 정세림, 고나연, 변승주, 홍수경
영상홍보팀 이수인, 염아라, 석찬미, 김혜원, 이지연
편집관리팀 조세현, 김호주, 백설희 **저작권팀** 성민경, 이슬, 윤제희
재무관리팀 하미선, 임혜정, 이슬기, 김주영, 오지수
인사총무팀 강미숙, 이정환, 김혜진, 황종원
제작관리팀 이소현, 김소영, 김진경, 최완규, 이지우
물류관리팀 김형기, 김선진, 주정훈, 양문현, 채원석, 박재연, 이준희, 이민운

펴낸곳 다산북스 **출판등록** 2005년 12월 23일 제313-2005-00277호
주소 경기도 파주시 회동길 490 다산북스 파주사옥
전화 02-704-1724 **팩스** 02-703-2219 **이메일** dasanbooks@dasanbooks.com
홈페이지 www.dasan.group **블로그** blog.naver.com/dasan_books
용지 (주)신승아이엔씨 **인쇄** 한영문화사 **코팅·후가공** 평창피엔지 **제본** 한영문화사

ISBN ISBN 979-11-306-6196-4 (03190)

다산북스(DASANBOOKS)는 책에 관한 독자 여러분의 아이디어와 원고를 기쁜 마음으로 기다리고 있습니다.
출간을 원하는 분은 다산북스 홈페이지 '원고 투고' 항목에 출간 기획서와 원고 샘플 등을 보내주세요.
머뭇거리지 말고 문을 두드리세요.